essentials

essentials liefern aktuelles Wissen in konzentrierter Form. Die Essenz dessen, worauf es als „State-of-the-Art" in der gegenwärtigen Fachdiskussion oder in der Praxis ankommt. *essentials* informieren schnell, unkompliziert und verständlich

- als Einführung in ein aktuelles Thema aus Ihrem Fachgebiet
- als Einstieg in ein für Sie noch unbekanntes Themenfeld
- als Einblick, um zum Thema mitreden zu können

Die Bücher in elektronischer und gedruckter Form bringen das Expertenwissen von Springer-Fachautoren kompakt zur Darstellung. Sie sind besonders für die Nutzung als eBook auf Tablet-PCs, eBook-Readern und Smartphones geeignet. *essentials:* Wissensbausteine aus den Wirtschafts-, Sozial- und Geisteswissenschaften, aus Technik und Naturwissenschaften sowie aus Medizin, Psychologie und Gesundheitsberufen. Von renommierten Autoren aller Springer-Verlagsmarken.

Weitere Bände in der Reihe http://www.springer.com/series/13088

Katarzyna Schubert-Panecka

Business Medi(t)ation 1

Gesunde Selbstführung und Konfliktkompetenz

Katarzyna Schubert-Panecka
Business Mediation & Intercultural
Communication
Karlsruhe, Deutschland

ISSN 2197-6708   ISSN 2197-6716   (electronic)
essentials
ISBN 978-3-658-22204-8   ISBN 978-3-658-22205-5   (eBook)
https://doi.org/10.1007/978-3-658-22205-5

Die Deutsche Nationalbibliothek verzeichnet diese Publikation in der Deutschen Nationalbibliografie; detaillierte bibliografische Daten sind im Internet über http://dnb.d-nb.de abrufbar.

Gedruckt auf säurefreiem und chlorfrei gebleichtem Papier

Springer Gabler ist ein Imprint der eingetragenen Gesellschaft Springer Fachmedien Wiesbaden GmbH und ist ein Teil von Springer Nature
Die Anschrift der Gesellschaft ist: Abraham-Lincoln-Str. 46, 65189 Wiesbaden, Germany

Was Sie in diesem *essential* finden können

Was Sie am Ende dieser Lektüre als **Personalverantwortliche/r, UnternehmerIn** oder **Führungskraft** wissen bzw. worüber Sie reflektiert haben werden:

- diverse **Einflüsse auf unsere Existenz** als Individuum, Organisation, Gesellschaft
- **Ideen für einen ökologischen Umgang** mit den eigenen Ressourcen, darunter Ihren Gedanken und Emotionen, die auch mit Ihren MitarbeiterInnen praktiziert und für die Gesundheit von Organisationen eingesetzt werden können (Business Medi(t)ation).

Dem zweiten *essential* „Business Medi(t)ation 2. Externe Unterstützung" können Sie wiederum an der Praxis orientierte

- Einblicke in die Verfahren und Möglichkeiten von **Business Coaching** und **Business Mediation** entnehmen, die Ihnen **Orientierung** und **fundierte Inanspruchnahme diverser interner und externer Verfahren** ermöglichen wollen.

Gemeinsam betrachtet zielen beide *essentials* auf die Einführung einer achtsamen Haltung in dem wirtschaftlichen Kontext, die wiederum dabei unterstützen soll, nicht nur persönlich gesund zu bleiben, sondern auch im organisationalen, sozialen bis hin zum politischen Gefüge gesund zu agieren. Und zwar völlig unabhängig davon, ob Sie sich auf der Arbeit, in Ihrem privaten oder sozialen Raum aufhalten. Ich wünsche Ihnen viel Vergnügen bei der Lektüre und bin auf Ihre Erkenntnisse und Ideen gespannt!

Karlsruhe   Dr. iur. Katarzyna Schubert-Panecka
März 2018

Inhaltsverzeichnis

Einführung 1

Dass Konflikte überall dort entstehen und ungelöst eskalieren können, wo Individuen, Gruppen oder ganze Organisationen und Unternehmen interagieren, ist in dem Bewusstsein der meisten Menschen angekommen. Dies zu verleugnen oder nur passiv zu beobachten, könnte daher als ausgeschlossen gelten. Der Alltag der meisten Erwerbstätigen sagt jedoch etwas anderes aus. Ganze 44–46 % von den 66 % der in Deutschland Beschäftigten, die sich hohen bis sehr hohen psychischen Belastungen am Arbeitsplatz ausgesetzt sehen, sehen die Quelle dieser Belastungen in Konflikten mit KollegInnen[1] oder Führungskräften (managerSeminare 2015). Irgendwie ahnen wir also den vernichtenden Einfluss von Konflikteskalation. Außerdem verspüren wir die Auswirkungen einer beinahe permanenten digitalen Aktivität, konkurrierender Verhaltensweisen am Arbeitsplatz oder zunehmender Belastung dort oder in diversen anderen Lebensbereichen. Trotzdem bleiben viele von uns bei den bekannten – selbst wenn (auto-)destruktiven – Verhaltensmustern, häufig so lange, bis ein relevanter Ausfall, hoher finanzieller Verlust, Trennung, Krankheit oder Tod eine kurze Denkpause anstößt oder zu einer Veränderung zwingt.

Woran liegt diese Diskrepanz zwischen Wissen und Handeln? Auch wenn wir an vielen Orten der Welt einen Wohlstand wie noch nie in der Geschichte der Menschheit erleben und obwohl wir das ökologische Bewusstsein ganzer Bevölkerungsgruppen deutlich vorangebracht und – noch vor wenigen Dekaden undenkbare – Möglichkeiten geschaffen haben, scheinen wir in so manchen Lebensbereichen uns selbst im Weg zu stehen, ob als Individuen oder als

---

[1]Sie werden in dem Text abwechselnd die weibliche und männliche Anrede finden, in dem Verständnis, alle Interessierten bzw. Betroffenen zu meinen. Manche Begriffe wurden bereits vom Duden in die deutsche Sprache integriert, sodass z. B. von Coachin die Rede sein wird.

© Springer Fachmedien Wiesbaden GmbH, ein Teil von Springer Nature 2018   1
K. Schubert-Panecka, *Business Medi(t)ation 1*, essentials,
https://doi.org/10.1007/978-3-658-22205-5_1

Organisationen. Als ob wir das Interesse, gar die Fähigkeit verloren hätten, miteinander im Dialog zu bleiben, auf der individuellen wie kollektiven Ebene gesund zu verweilen, uns an der Menschlichkeit und der Verbindung zu anderen zu erfreuen. Schwanken wir nicht allzu sehr zwischen Selbstoptimierung und Erschöpfung? Samt der Gefahr, in dieser immer stärkeren Pendelbewegung die Qualität der Selbstlosigkeit zu vergessen und in der Sorge um die (Schein-) Sicherheit zu verwelken? Wohin führt uns dieser Aktionismus und wollen wir stattdessen etwas anderes?

Lassen Sie uns in dem ersten *essential* zu diesem Thema, von diversen Einflüssen auf den heutigen Menschen und seiner Ökologie ausgehend, die (heilende) Kraft dieser Diskrepanz, ja einer Ambivalenz hin bis zum **Konflikt,** anschauen und dabei einige Modelle der postmodernen (Selbst-)Führung erlernen. In einem zweiten, thematisch anschließenden *essential „Business Medi(t)ation 2. Externe Unterstützung"* beleuchten wir, was ein Individuum, was eine Organisation zu einem ökologischen Umgang mit sich selbst wie auch mit ihren MitarbeiterInnen oder Partnerorganisationen beitragen bzw. (nicht) übernehmen kann und wann welche Form von externer Unterstützung sinnvoll einzubringen ist.

Innenschau: Die Ökologie des Menschen 2

> In diesem Kapitel erfahren Sie:
>
> - wie lebt der heutige Mensch und welche externen Einflüsse prägen dieses Leben,
> - wie können Ambivalenzen und Konflikte, die diesen oder auch anderen Einflüssen folgen, zur Heilung führen,
> - welche konkreten Methoden der (Selbst-)Führung unterstützen einen ökologischen Umgang mit sich selbst wie auch mit anderen,
> - was kann eine Organisation tun und was sollte sie unterlassen, um in diesen volatilen Zeiten gesund zu bleiben.

▶ *Nehmen wir ihn (den Menschen) so wie er ist, dann machen wir ihn schlechter; nehmen wir ihn hingegen, so wie er sein sollte, dann machen wir ihn zu dem, der er werden kann* (Victor E. Frankl).

Will man die aktuell wirksamen Verfahren und Methoden der (Selbst-)Führung und Unternehmensführung wie das Thema der Ökologie des Menschen verstehen, ist es wichtig, sich diverse Einflüsse auf das Individuum und seine Beziehungen mit anderen Menschen, im privaten, beruflichen wie sozialen Kontext (samt der dazugehörigen Erklärungsansätze) anzuschauen. Anfangen möchte ich mit der Bemühung, den heutigen Menschen zu verorten. Ihn in seiner Vielfalt und seinen strukturellen Einschränkungen, in seinen konstruktiven und wohlwollenden, aber auch gierigen und vernichtenden Tendenzen nachvollzuziehen, um anschließend nach Möglichkeiten für einen ökologischen Umgang mit sich selbst und mit den Mitmenschen zu schauen.

© Springer Fachmedien Wiesbaden GmbH, ein Teil von Springer Nature 2018
K. Schubert-Panecka, *Business Medi(t)ation 1*, essentials,
https://doi.org/10.1007/978-3-658-22205-5_2

Erinnern Sie sich noch an die Zeit, in der es für Gespräche mit anderen nur einen Festnetzanschluss oder den Gang über den Flur gegeben hat? In der Sie das, was in der Welt passiert ist, aus der Zeitung oder der Tagesschau erfahren haben? Heutzutage konsumieren wir fast ununterbrochen mehr oder minder wahrhaftige Informationen, dicht und schnell folgen sie aufeinander. Dazu die enormen Aufgabenberge, immenser Zeitdruck und permanente Erreichbarkeit, ergo Unterbrechungen, die die Frage begründen: ob, was und wie wir bei diesem Lebens- und Arbeitstempo noch (be-)arbeiten können? Was wir in den wenigen Dekaden unseres Lebens vor allem wollen. **Wie und wo kann unter den skizzierten Umständen ein gesunder Lebensstil gepflegt werden, den idealerweise intrinsische Motivation charakterisiert?** Denken wir an die endlichen planetaren Ressourcen, erfreut es zwar, dass das heutige Bewusstsein über die Dringlichkeit des Klimaschutzes wächst. Doch gibt es tatsächlich weltweit genügend (wirtschaftliche wie politische) EntscheidungsträgerInnen und Organisationen, die die Zerstörung der natürlichen Ressourcen aufhalten wollen und können?

Ob auf der individuellen, der organisationalen oder gesellschaftlichen Ebene: das Thema der **Ökologie des Menschen** fokussiert den Umgang mit unseren individuellen wie zwischenmenschlichen Ressourcen und Fähigkeiten. Insbesondere zu einer Zeit, in der einerseits das **Diktat der Selbstoptimierung** herrscht, andererseits eine große Ruhelosigkeit und zunehmende **Erschöpfung** des Ich und des Wir zu beobachten ist. Finden Sie in dem folgenden Kapitel heraus, **wie Ihre Umgebung Sie beeinflusst, wo Ihre Energiequellen liegen** und **wie Sie nachhaltig** insbesondere **mental gesund bleiben können.** Von dort aus können Sie dann die Gesundheit Ihres Teams, Ihrer Organisation und auch der wirtschaftlichen Interaktion näher betrachten wie auch Lösungen generieren. Eines ist sicher: Wollen wir, wollen Sie noch eine Weile gesund bleiben, heute wie im Alter würdig mit sich selbst und mit anderen Menschen umgehen können, so lohnt es sich, etwas dafür zu tun oder zu (unter)lassen. Idealerweise jetzt.

2.1   Die Landkarte der Einflüsse

▶ *Bei unserer Wahrnehmung vergessen wir alles, was wir dazu getan haben, sie in dieser Weise wahrzunehmen* (Francisco Varela).

An vielen Orten in dieser Welt wird dem Menschen der Eindruck vermittelt, er gehe selbstbestimmt durch das Leben, er könne sich Ziele setzen und diese in der ihm zur Verfügung stehenden Zeit sinnvoll und vor allem gewinnbringend gestalten. Trotz der skizzierten Verdichtung wie der verheerenden Folgen der letzten

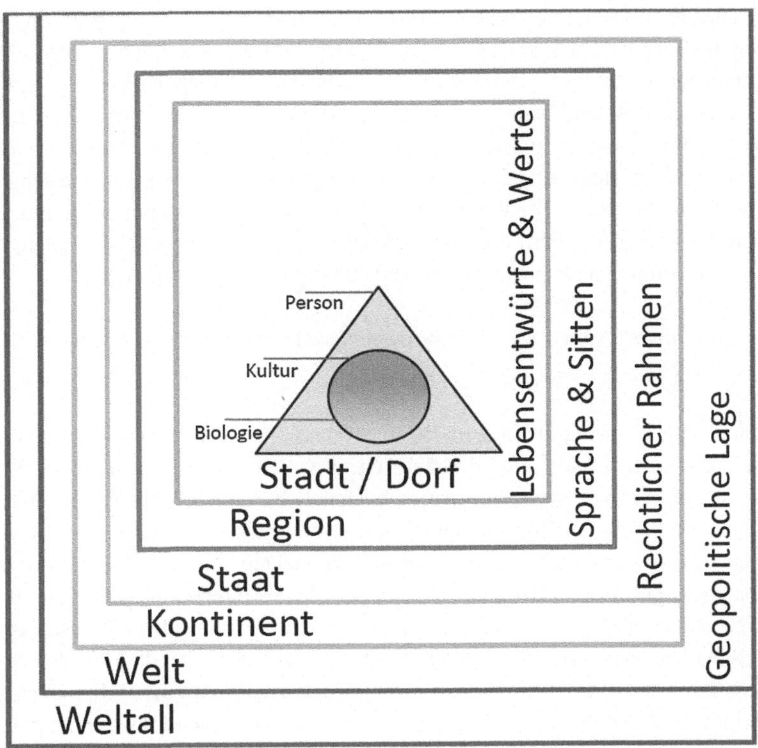

Abb. 2.1 Landkarte der Einflüsse

Wirtschaftskrise sei er der Herr des eigenen Schicksals. Während seiner Lebenszeit möge er besitzen, konsumieren, seinen Körper wie Geist trainieren, um möglichst effektiv zu sein bzw. zu werden. Bloß wird bei dem vermeintlich schönen Bild, samt seiner Vorstellung von Individualität und Mächtigkeit, nicht allzu oft verkannt, welche Kraft die externen Einflüsse auf das Individuum ausüben? Seien sie biologischer oder soziologischer Natur, unsere Gruppenzugehörigkeit als FreundIn, FeindIn oder Fremde und damit einhergehend die Palette unserer Möglichkeiten werden durch sie bestimmt. Die folgende **Landkarte der Einflüsse** (siehe Abb. 2.1) verdeutlicht nur skizzenhaft, welche externen wie internen Kräfte auf den heutigen Menschen einwirken können. Je nachdem auf welchem Kontinent, in welchem Staat oder in welcher Region, ob in einer Stadt oder auf dem Dorf Sie zur Welt gekommen sind, ob als Frau oder Mann, eher wohlhabend oder eher arm, wird Ihre *Individualität* anders betrachtet. Abhängig davon, welche geopolitische, klimatische, soziale, politische wie rechtliche Prägung Sie erfahren haben, inklusive der sozialen Schicht und kindlichen Bindung, mit der Sie aufgewachsen sind, werden Sie mit den Herausforderungen im Leben anders umgehen. Ihre Identität anders aufbauen und nähren. Es ist so offensichtlich und dennoch in dem Megatrend *Individualisation* kaum mehr ein Thema, wie sehr sich all die Einflüsse in unserer Wahrnehmung, in unseren Lebensentwürfen und Werten, in der (wenn möglich) gewählten Profession spiegeln und nur komplementär mit der persönlichen Disposition jedes einzelnen Menschen vermengen.

▶   *Die Umwelt, so wie wir sie wahrnehmen, ist unsere Erfindung* (Francisco Varela).

Allein abhängig davon, ob Sie zum Beispiel mono-, bi- oder sogar multilingual aufwachsen, wird sich nicht nur Ihre Fähigkeit, in vielen Lebensabschnitten eine oder mehrere Perspektiven anzunehmen und eventuell weitere Sprachen schnell(er) zu erlernen, sondern auch Ihre Offenheit und ihr Mut, sich auf unbekannte Situationen einzulassen, tendenziell unterschiedlich entwickeln. Auch das uns umgebende Klima zeigt eine Wechselwirkung mit der Sprache. Während ein durchschnittlicher Europäer nur eine Art von Schnee kennt, können die Inuit über 50 Arten davon unterscheiden. Eine Ausnahme stellt die schottische Sprache dar, die sogar 421 Bezeichnungen für den Schnee kennt. Oder, während die slawischen Sprachen eher deskriptiv sind und das Beziehungsgefüge der Interagierenden fokussieren, pointieren die germanischen Sprachen in einem direkten Vergleich die sachliche Dimension der (Inter-)Aktion. Welche Missverständnisse aus einer kulturellen Deutung von Sprache folgen können, finden Sie heraus, wenn Sie in Ihrem Umfeld nach der Bedeutung von diversen Wörtern fragen, z. B. Arbeit oder Familie. Je nachdem, wen Sie fragen, wo die Person herkommt, wie alt sie ist etc. wird die Antwort anders ausfallen. Wie prägt uns daher der Sprachraum, aber auch die Zeit, in der wir leben?

Da ist also der **Mensch auf dieser Landkarte,** in seinem Leib, seiner Seele und seinem Geist dreidimensional und zugleich einer von aktuell 7,62 Mrd. ArtgenossInnen in eine spezifische Umwelt hineingeboren, lernt er schnell, welche Verhaltensweisen zu seinem Überleben, der Erfahrung von Geborgenheit und später – je nach primärer Erfahrung – zu positiver oder negativer Zuwendung beitragen. Heute, im kulturellen Kontext der Postmoderne und seit der frühen Kindheit medial ausgestattet, beinahe *online* atmend (sog. *Screenagers*), jongliert der Mensch quasi 24/7 mehrere Bälle in seinen Händen. Die exterritorialen und mobil gewordenen Machtstrukturen dieser Welt verleihen dem Gewinner zwar den Eindruck, auf einem erfolgreichen, sauberen und gesunden Planeten der Möglichkeiten zu verweilen. Dieser Eindruck ist jedoch flüchtig. Dem Verlierer ist von Beginn an eher der Geschmack des Dunklen und Unsicheren bekannt, bei dem ihm viele Freiheiten nur als bedingt zugänglich erscheinen (vgl. Zugang zur Gesundheitsfürsorge, zum Rechtssystem oder gechlechtspezifischen Gleichberechtigung weltweit). Damit können die Auswirkungen von Globalisierung unterstrichen werden, mit dem internationalen Wettbewerb und beruflicher wie krisenbedingter Migration, mit dem Innovationsdruck und globalen Krisen. Parallel dazu werden uns zunehmend die Spuren von Technologisierung bewusst, die neben der – durchaus vorteilhaften – Digitalisierung zu einer Verschmelzung der Privat- und Arbeitszeit führen, die ja ohnehin heute schon in etlichen Branchen bereits flexibilisiert und projektifiziert wurde. Mit dem Ergebnis, dass vielen Menschen das Vertrauen in die vorhandenen Strukturen, die Absicherung von Erwerbsarbeit und die damit einhergehende finanzielle Sicherheit (bisweilen korreliert mit der sog. Kultur der Furcht und Schadensvorbeugung, Bröckling 2017, S. 74) entzogen wird. Die kurzweiligen (virtuellen) Teams – die zunächst zwar genügend Reiz und Abwechslung vermitteln, mit der Zeit jedoch ermüden und erschöpfen – krönen die dichte Landkarte und tragen womöglich der neuen *Generation Maybe* bei. Misslingt einem die Inanspruchnahme der vielen Möglichkeiten, *ist* er dafür allein verantwortlich. Ähnliches gilt für das soziale Gefüge, in dem immer weniger Räume für Dialog und Verbindung bleiben, in dem *„die Strukturen flüchtig (sind), die Freiheit beliebig (…) die Menschen, die in ihr leben, ihrer Wurzeln und Bezugsrahmen beraubt."* (Bauman 2003, S. 166 ff.). Etwas weiter geht Scheidler, der die aktuelle Lage folgend zusammenfasst: *„Wir sind augenblicklich Zeugen, wie ein ganzer Planet, der viel Milliarden Jahre für seine Entwicklung brauchte, in einer globalen Wirtschaftsmaschinerie verheizt wird, die Unmengen von Gütern und zugleich Unmengen von Müll produziert, irrsinnigen Reichtum und massenhaftes Elend, permanente Überarbeitung und sinnlosen Leerlauf."* (2015, S. 9).

Während Unsicherheit und Ungewissheit den Alltag vieler Menschen prägen, wächst nachvollziehbar das Bedürfnis nach **Orientierung,** nach **Sicherheit** oder sogar nach einer **Vereinfachung der zwischenmenschlichen wie wirtschaftlichen Verhältnisse.** 80 % der Deutschen wünschen sich ein anderes Wirtschaftssystem (ebd.), nicht zuletzt, weil bei dem einen oder anderen langsam die Zuversicht verschwindet, das eigene Leben und die Wertvorstellungen im jeweiligen kulturellen Kontext aufrechterhalten zu können. Was auf der Makro-Ebene geschieht, wirkt sich also sichtbar auf die Mikro-Ebene aus – und umgekehrt. Diese Wechselwirkung ist nicht mehr wegzudenken. Ob es sich dabei um die klimatischen Veränderungen oder das Thema der Migration handelt, wir sind mittendrin. Eine Glokalisierung[1] oder sogar eine Rückkehr in die Privatheit sind die

---

[1]Tendenz, sich verstärkt auf lokale kulturelle Traditionen zurückzubesinnen; sich mit der Herkunftsregion, darin mit dem Dialekt und anderen Zugehörigkeitsdimensionen verstärkt zu identifizieren und dennoch auch die Wechselwirkung zwischen global und lokal zu berücksichtigen.

Folge, in der es insbesondere für die Avantgarde des neuen Kapitalismus einen Raum für *„Eingebung, Rückzug und Bindung"* gäbe (Koppetsch 2013, S. 8). Den Ängsten vor Statusverlust und der Suche nach Absicherung folgend wird z. B. in abgeschotteten, zunehmend videoüberwachten Stadtteilen die alte heile Welt erhofft, fremde Einflüsse werden verabscheut und es kann eine Radikalisierung keimen: *„(Z)wischen großen Teilen unserer Gesellschaft sind inzwischen Risse entstanden, die zunehmend unüberbrückbar erscheinen. Viele Gesellschaften sind entzweit und polarisierend. Die Intoleranz steigt. Zudem ist es verblüffend zu beobachten, wie ein Diskurs um sich greift und Akzeptanz erfährt, der die Einschränkung von Rechten und Freiheiten befürwortet, angeblich um Freiheit, Kultur und die Zivilisation zu retten."* (Junes 2017). Obwohl die Toleranz der Menschen so groß ist wie noch nie in unserer Geschichte, wird oft das Fremde für das Üble verantwortlich gemacht, *„Die Immigranten bringen (…) »die schlechten Nachrichten aus einem fernen Winkel der Erde direkt vor unsere Haustür« (…) die Nomaden (…) erinnern uns auf irritierende, ärgerliche und erschreckende Weise an die (unheilbare?) Verwundbarkeit unserer eigenen Stellung und die endemische Zerbrechlichkeit unseres hart erarbeiteten Wohlstands (Bauman 2017, S. 21 f.). In unserer zunehmend deregulierten, polyzentrischen, aus den Fugen geratenen Welt ist die (…) permanente Ambivalenz des städtischen Lebens (…) nicht das Einzige, das uns angesichts heimatloser Neuankömmlinge Angst und Unbehagen empfinden lässt, das feindselige Gefühl gegen sie wächst und zu Gewalt einlädt."* (ebd., S. 15 f.).

Ob der Zufluchtsort in den eigenen vier Wänden dem großen Bemühen um Sicherheit und Geborgenheit tatsächlich zugutekommt? Wenn auch in großen und schönen Wohnungen lebend, bleiben wir häufig im Karussell der mobilen, flexiblen und dynamischen Projektlogik gefangen und füreinander wenig präsent. Zugleich verschmelzen die *online-* und *offline-*Welten mit ihren unterschiedlichen Regeln, insbesondere, was (Selbst-)Kontrolle anbelangt, und machen das Privatleben zum Gegenstand eines öffentlichen Diskurses. In diesem ist der Ehegatte längst zum Partner mutiert, wie wir ihn aus einer Kanzlei oder einem Projekt kennen. Mancherorts sind auch Eltern zu *Peers* geworden: *„In Arbeitsorganisationen und Wohlfahrtseinrichtungen, Familie und Partnerschaft, Kirche, Bildung und Wissenschaft herrsch(t)en demnach statt Solidarität und (Wert-)Bindung nunmehr Wettbewerb und Kalkül. Dadurch werden alle Lebensbereiche auf ihre wirtschaftliche Komponente hin durchleuchtet."* Nur folgerichtig drohen auch *„Identität und Persönlichkeit ebenfalls aus dem Gleichgewicht zu geraten"* (Koppetsch 2013, S. 10 f.). Kein Wunder daher, dass seit dem Millennium sowohl Arbeitsunfähigkeit als auch Frühverrentung in Folge psychischer Erkrankungen massiv zugenommen haben. *„Ein hohes Verursachungspotenzial wird dabei dem gesellschaftlichen*

Strukturwandel und der globalisierten Ökonomisierung und dem damit gekoppelten Wandel der Arbeitswelt zugeschrieben" (Schubert 2016, S. 240). Zwar bleiben diese Ursachen umstritten und die Multikausalität zzgl. vieler weiterer Einflüsse zu berücksichtigen, Fakt bleibt dennoch, dass viele Menschen erschöpft sind und sich jenseits eines ökologischen Umgangs mit sich selbst oder vonseiten ihrer Umgebung sehen (vgl. Ehrenberg 2015). Gelingt es uns, die fundamentalen gesellschaftlichen wie persönlichen Umbrüche zu überwinden, wie es auch unseren Ahnen hin und wieder gelang? Ich kann Sie nur ermutigen, zuversichtlich in die Zukunft zu schauen, bloß nicht passiv. Damit sich etwas positiv verändert, damit unsere mentale Gesundheit, der Zusammenhalt der Gesellschaft und die planetaren Ressourcen aufrechterhalten bleiben, müssen wir etwas tun als auch einiges unterlassen. Da einer Handlung sinnvollerweise eine Reflexion und Überprüfung der Gegebenheiten vorausgehen soll, hilft auch Ihnen die Klärung folgender Fragen weiter:

- Wie nimmt bzw. nehmen das Individuum oder die kleinere private (Familie) und berufliche (Team, Abteilung) Einheit sowie Organisationen die hier beschriebenen Einflüsse und zwar Ihres Erachtens wahr?
- Was macht das mit Ihnen persönlich?
- Würden Sie sich als einen *homo oeconomicus* beschreiben?
- Wenn Sie an Ihre aktuelle Lebenslage denken, welche Aspekte Ihrer Identität wollen Sie weiterhin bzw. nicht mehr unterstützen und wohin soll Ihre Reise mit diesen führen?

2.2   Von Ambivalenz, durch den Konflikt zur Heilung

▶ *Alles soziale Leben ist Konflikt, weil es Wandel ist* (Ralf Dahrendorf).

Kennen Sie diesen Zustand, in dem Sie zu gleicher Zeit Wünsche und Gefühle haben, die sich widersprechen und unter Umständen zu einer inneren Spannung führen? Zum Beispiel, wenn Sie sich bei einem wichtigen Thema nicht entscheiden können? Angenommen, Sie würden gern eine neue Arbeitsstelle finden, bei der Ihr erfinderischer Geist und die Freude an der Lösungsfindung zur Geltung kämen. Allein der Gedanke an diese Aufgabe erfüllt Sie mit Freude und Motivation. Zugleich sind Sie gut in dem, was Sie aktuell tun und womit Sie genügend Geld verdienen, um Ihrer Familie ein gutes Auskommen zu gewähren. Während es nicht die Schwierigkeiten mit dem Chef, die doch frustrierender sind, als Sie sich dies wünschen würden. Oder etwas einfacher: Sie führen ein Auto mit einer Geschwindigkeit von 160 km/h – wohl wissend, dass Sie in diesem konkreten

Autobahnabschnitt nur 120 hm/h fahren dürfen. Nun müssen Sie in 30 min einen Termin antreten und schaffen es eventuell nicht, wenn Sie auf die erlaubte Geschwindigkeit achten. Sie verspüren gleichzeitig etwas Adrenalin wie Unbehagen, weil Sie vielleicht geblitzt werden oder aber einen Unfall verursachen könnten.

Beide Situationen weisen eine **Ambivalenz** auf (lat. *ambo* beide, *valere* gelten; ambivalent als zwiespältig, mehrdeutig), welche lange pejorativ oder sogar als ein Symptom der Schizophrenie gesehen wurde (vgl. auch kognitive Dissonanz nach Festinger). Dementgegen soll hier ein Plädoyer für ein *sowohl als auch* von Einstellungen und Bereitstellungen ausgesprochen werden, welches eine Akzeptanz wie auch Integration von unterschiedlichen Mosaikstücken ermöglicht. Wie bei dem Oxymoron Hassliebe kommen bei den Ambivalenzen physiologisch antagonistische Funktionen zur Geltung, die Gefühle, Wünsche oder unsere Beurteilung betreffen, die auf eine Dichotomie[2] von Sichtweisen hindeuten und uns – wie so häufig – entscheidungsunfähig machen. Wie lassen sich diese Antagonismen beseitigen oder wie lässt sich daraus ein Wert schöpfen?

Zum einen soll eine genauere Betrachtung der konkreten Bestrebungen, die Bewusstwerdung und anschließend auch die Integration darin enthaltener Bedürfnisse, Werte und Wünsche zu einem klaren Blick verhelfen. Eine Ausschau nach realen Handlungsmöglichkeiten, um diese zu integrieren, lässt auch die Fähigkeit zur Akzeptanz, zur Würdigung und zur Klärung der einander widersprechenden Bestrebungen üben und so kann sich mit der Zeit ein konstruktiverer Umgang mit diesen, zunächst bei uns selbst und dann auch mit unseren Mitmenschen, entwickeln. Bis daraus eine Fähigkeit erwächst, *„Konflikte vorwegzunehmen und innerlich auszutragen, (was) zu den menschlichen Qualitäten gehört, die den zivilisatorischen Fortschritt in besonderer Weise fördern.“* (von Hertel 2012, S. 16). Von anderen AutorInnen als *„inneres Team“* (Friedemann Schulz von Thun), als *„parts party“* (Virginia Satir) oder als *„zwei Seelen, die in einer Brust leben“* (Johann Wolfgang von Goethe) beschrieben, sind solche Ambivalenzen wahrscheinlich jedem Leser bekannt und werden bis zu einem gewissen Grade im Zuge der persönlichen Konfliktkompetenz auch erfolgreich aufgelöst. Aber „(…) *wenn sie nicht gut koordiniert zusammenarbeiten, schwankt der Mensch wankelmütig zwischen seinen Optionen hin und her.“* Seine Probleme multiplizieren sich, denn „ (…) *wenn wir mit unseren eigenen unausgegorenen Zielkonflikten auf ein anderes menschliches Wesen mit anderen Zielen, Werten und (oder) Zielkonflikten*

---

[2]Zweiteilung, Verästelung o. Ä.

treffen, reicht die Komplexität für Dramen und Krimis. Kommen weitere Menschen hinzu, potenziert sich der Streitstoff." (ebd., S. 22). So gesehen kann aus einer Differenz ein **Konflikt** (lat. *conflictus* und *confligere* – zusammenstoßen, -prallen) entstehen, mit hoher Wahrscheinlichkeit, wenn unsere Unklarheit oder Zerrissenheit auf andere Menschen trifft und wir, statt miteinander ins Gespräch zu kommen, um dies eventuell zu klären, unsere (noch ausstehende) Akzeptanz für eine bestimmte Situation oder Eigenschaft, unsere Selbstbilder von anderen und unsere emotionalen Reaktionen auf andere übertragen. Daher warnt auch Duss von Werdt: „*Mein Bild von dir als das zu verstehen, was du unabhängig davon auch bist, ist ein verhängnisvoller Trugschluss. Einfacher: Meinem Bild von dir kann ich nicht vertrauen. Es enthält nur, wie ich dich sehe, wer du bist, werde ich nie wissen. Jemanden ein für allemal auf mein Bild festzulegen, tut ihm Unrecht.*" (2015, S. 224). Selbst dann noch, wenn wir klar und eindeutig sind, können unsere Wünsche, Werte oder Vorstellungen auf diejenigen unseres Gegenübers prallen. Plötzlich erlebt jemand eine Differenz als bedrohlich oder mit der Durchsetzung von seinen Interessen unvereinbar. Ob ein sozialer Konflikt entsteht, hängt vom jeweiligen Umgang mit der Differenz ab, den Friedrich Glasl folgendermaßen beschreibt (2004, S. 17):

▶ **Sozialer Konflikt** ist eine Interaktion zwischen AkteurInnen (Individuen, Gruppen, Organisationen usw.), wobei mindestens ein Akteur eine Differenz bzw. Unvereinbarkeit im Wahrnehmen und im Denken bzw. Vorstellen und im Fühlen und Wollen mit dem anderen Akteur (den anderen AkteurInnen) in der Art erlebt, dass beim Verwirklichen dessen, was der Akteur denkt, fühlt oder will, eine Beeinträchtigung durch einen anderen Akteur (die anderen AkteurInnen) gesehen wird.

Konflikte – anders als Probleme, die primär kognitiv gesehen werden und auch lösbar sind – wecken Emotionen, Bedürfnisse. Sie schmerzen, sie kosten Zeit, Geld, Motivation und vor allem die Qualität der zwischenmenschlichen Beziehungen, unabhängig davon, ob diese privater, beruflicher oder öffentlicher Natur sind. Gleichzeitig verweisen sie auf etwas, was noch nicht oder nicht mehr funktioniert, wofür ein Änderungsbedarf besteht und wofür die indigene Antriebskraft des Konfliktes das kreative Potenzial für etwas Neues bringen kann. Im Sinne einer Erneuerung und **Heilung** kann daher ein Konflikt auf Asymmetrien, ungesunde Verhältnisse oder sogar Krankheiten im System aufmerksam machen und somit für die Relativität der eigenen Wirklichkeit sensibilisieren. Die Heilung eines Konfliktes bedeutet, sich den unterschiedlichen Wirklichkeiten zu stellen, in die eigenen Interessen und Bedürfnisse wie die des Gegenübers einzutauchen und diese zu sehen. Dabei ist es sekundär, ob Sie mit einer konkreten Handlung oder ihrem Unterlassen des Gegenübers einverstanden sind. Vielmehr geht es zunächst um das Verständnis dessen, was gerade geschieht und um eine frühzeitige Aktivierung der Selbstheilungskräfte, um einer Eskalationsspirale zu entkommen und eine neue Qualität der Verbindung zu erreichen.

Wird die Chance für eine Heilung nicht genutzt, in den meisten Fällen indem eine konkrete Auseinandersetzung vermieden und der Konflikt unter den Teppich gekehrt wird, können Sie sich in der westlichen Welt recht sicher sein, dass seine destruktive Kraft weiterwirken wird. Führungskräfte werden entmachtet, MitarbeiterInnen sind von *Bossing* betroffen, Projekte werden abgebrochen oder Gerichtsverfahren eingeleitet. Der Vielfältigkeit solcher Entwicklungen könnte viel Zeit gewidmet werden. Viele Menschen haben sich infolge von Konflikten ihre Beziehungen, ihre Gesundheit oder auch Karriere ruiniert. Sie können einem solchen Ende vorbeugen, die Ambivalenz wie auch den Konflikt anders deuten, nach darin verborgenen Schätzen suchen und mit den folgenden Methoden einer gesunden (Selbst-)Führung zu einem ökologischen Umgang mit sich selbst und mit anderen Menschen beitragen.

2.3   Methoden einer gesunden (Selbst-)Führung

In diesem Kapitel erfahren Sie:

- was und wie Sie zu Ihrer eigenen Gelassenheit und Dialogfähigkeit beitragen können,
- was es heißt, gewaltfrei zu kommunizieren,
- welche Konfliktkompetenz eine moderne Führungskraft unbedingt braucht,
- welche Haltung dem medi(t)ativen Denken und solchen Kompetenzen zugrunde liegt und
- wie Sie diese Haltung entwickeln, mithilfe themenzentrierter Interaktion.

In Zeiten, in denen instabile politische Systeme, volatile Finanzmärkte, Verknappung von Ressourcen und ökologische Veränderungen auf der einen und internationaler Wettbewerbsdruck, schnelle Marktbewegungen und zunehmende Fehlzeiten der MitarbeiterInnen auf der anderen Seite jeden Einzelnen mehr und mehr belasten, ist es unabdingbar geworden, auf den eigenen Kräftehaushalt besonders zu achten. Die Fähigkeit zum (Re-)Fokussieren und zur Erholung muss manchmal erst entwickelt werden. Indem die erwähnten Einflussfaktoren und auch die Notwendigkeit anerkannt werden, dass einer gesunden Führung anderer Menschen eine gesunde Führung des eigenen Selbst vorausgeht, können Sie hier, von innen nach außen geleitet, reflektieren, sich entwickeln, lernen – unter anderem auch Unterstützung zu holen, wenn Sie allein nicht mehr weiter wissen. Dies umso mehr, als es heute jedem einzelnen Menschen und den UnternehmerInnen, Führungskräften oder Personalverantwortlichen insbesondere abverlangt wird, mit Ambivalenzen, mit Reibungen und Konflikten, mit Krankheiten und aktuellen Herausforderungen des Alltags kompetent und konstruktiv umzugehen. Wie Patrick Breidenbach unterstreicht: *„(I)n einer geistig und physisch hypermobilisierten und übererregten Welt können wir den Konflikten kaum noch aus dem Weg gehen. Daher sollte beim gegenwärtigen Prozess der Zivilisierung auch stets die Kompetenz zur Konfliktlösung und Versöhnung mitgedacht werden."* (soziopod. de). Um sowohl als private wie auch öffentliche Person zwischen diversen sozialen Erwartungen unterscheiden, für sich selbst klare Grenzen ziehen und zu einem nachhaltigen Umgang nach innen wie nach außen beitragen zu können, finden Sie nachfolgend mehrere Vorschläge und Ideen, aus denen Sie das passende Repertoire und einen Lernprozess zusammenstellen können. Diese Ideen, Methoden und Konzepte sind hier unter **Business Medi(t)ation** subsumiert, angelehnt an das humanistische Menschenbild, das die Vielfalt der Einflüsse berücksichtigt und den genannten Anforderungen gerecht werden möchte. Finden Sie Ihre **innere Mitte als Kompass** (wieder) und tragen Sie, mithilfe regelmäßiger Praxis der Einheitlichkeit von Geist und Körper als auch der Präsenz in der Gegenwart, zu Ihrer Gesundheit bei.

> *Das weitaus meiste von allem, was sich heute unter Menschen Gespräch nennt, wäre richtiger, in einem genauen Sinn, als Gerede zu bezeichnen (Martin Buber).*

2.3.1 Dialog

Dialog (lat. *dia* = untereinander, zwischen, *logos* = Bedeutung, Inhalt) wird hier primär als ein (Durch-) Fluss von Bedeutungen, erst später als ein Zwiegespräch verstanden (Buber 1986; Möller 2010). Als solcher weist Dialog auf den Ursprung von Logos als das grundlegende Prinzip der Weltordnung hin, in der Menschen mit dem Universum, mit der Natur und mit anderen Menschen verbunden bleiben. Eine Ordnung, in der die Kraft der Sprache tiefe zwischenmenschliche Beziehungen aufbaut, in denen Bedeutungen und Werte kreiert werden können, die wiederum die Bedürfnisse und Erfahrungen aller Beteiligten berücksichtigen. In diesem Verständnis können wir den Dialog auf einen Selbstdialog oder aber auf ein dynamisches Dasein mit mehr als nur einer Person beziehen.

Eines, in dem wir zufällig verweilen oder welches wir bewusst gestalten, z. B. indem wir diese Prämissen beachten:

- uns öffnen (darin die Vorannahmen labilisieren und neue Erfahrungen entstehen lassen, wie eine immer Dazulernende) und unser Erleben aufrichtig transparent machen,
- uns selbst und anschließend auch anderen Menschen aufmerksam zuhören (uns dabei bemühen, das zu akzeptieren, was wir hinter den Worten wahrnehmen wohlwissend: **verstehen heißt noch nicht, einverstanden zu sein!**),
- uns in dem dialogischen Raum entlang der gegenwärtigen Gefühle ehrlich verhalten, statt auf verinnerlichte Muster oder persönliche Visionen der Welt oder der Zukunft zurückzugreifen (**innere Flexibilität**),
- vom Herzen sprechen und das Sprechtempo verlangsamen, wobei wir stets und radikal respektvoll bleiben.

Im Folgenden unterscheiden wir im Detail zwischen dem intrapersonalen und interpersonalen Dialog.

Intrapersonaler Dialog bedeutet ein Gespräch mit sich selbst, das eher kognitiv verläuft (z. B. als Reflexion) aber auch weitere Empfindungen berücksichtigt, wie dies in der heutigen westlichen Welt u. a. **Achtsamkeit** erzielt. In dieser Form von Meditation übt sich der Mensch, nach innen gerichtet, lebendige, auch weniger sichtbare Anteile zu identifizieren, zu hören und auch zu verstehen. Indem er seine Aufmerksamkeit immer wieder (re-)fokussiert, kultiviert der Mensch die Verlangsamung der Wahrnehmungsprozesse, und damit Ruhe wie Beständigkeit, bis sie zu einem Verhaltensmuster werden und ihn in stressigen Situationen wertungsfrei und dennoch präsent wie handlungsfähig sein lassen (Kabat-Zinn 2011).

Eine besondere Art von konzentrierter Aufmerksamkeit stellt *Mindsight* als geübter Blick auf die Innenwelt unseres Geistes dar (Siegel 2010). Durch eine regelmäßige Innenschau, eine Reflexion der eigenen Erfahrung und stetes Re-Fokussieren können die inneren Abläufe und die subjektive Essenz des eigenen Geistes für uns zugänglich werden. Mit der Zeit sind wir in der Lage, das zu erkunden, die innere Zerrissenheit zu beobachten und – ohne sich mit ihr oder dazugehörigen Gefühlen zu identifizieren – zu einer Navigatorin dieses Meeres werden. Wir lernen dann immer mehr Gefühle und Erinnerungen zu integrieren und können dadurch freier agieren, statt zu reagieren. Wird dank *Mindsight* unsere Reflexionsfähigkeit gefördert, stärken sich die Elastizität (Resilienz) und das Wohlbefinden, die wiederum der Empathiefähigkeit zugrunde liegen. Diese können wir zusätzlich stärken, wenn wir Verbindungen im Leben knüpfen, die eine Sphäre zwischen Geist, Gehirn und Beziehungen zu anderen Menschen entstehen lassen. Wohlwollend vielseitig verbunden können wir nun gesunde Kontakte mit uns selbst und mit anderen entstehen lassen. Das prozesshafte und plurale Ich wird belebt, Selbstheilungskräfte werden aktiviert, sogar die psychische Hirnstruktur verändert sich mit der Zeit. D. h. wir werden präsenter und (selbst-)empathischer, können uns auch mehr als aktive und wache AutorInnen des eigenen Lebens betrachten und trauen dies auch anderen Menschen zu.

Außer mentaler Achtsamkeit gehört zum inneren Dialog auch die Verbindung zu unserem Körper, die in Sportarten wie Martial Art, Aikido oder Yoga praktiziert wird. Ganz nach dem Motto: *‚In einem gesunden Körper wohnt ein gesunder Geist‘* ist in Bezug auf die Welle der Depressionen sogar nachgewiesen, dass durch entsprechende Übungen manche Symptome beseitigt werden können. Besonders erwähnenswert ist hier das praktisch orientierte **Aikido.** Diese friedliche Kampfkunst zeigt, wie der Energiefluss zwischen zwei Menschen in einen Dialog übersetzt werden kann. Die Grundprämisse lautet: im Kontakt bleiben und auf die Widerstände flexibel reagieren, d. h. übersetzt, die Kraft der Angriffe aufgreifen und umleiten. Diese Lehre lässt sich auch in den äußeren Dialog integrieren und zwar durch:

- Paraphrase des Gehörten (aktives Zuhören)
- Neuausrichtung des Fokus' (die destruktiven Gesprächsanteile umgehen)
- Zustimmung durch Einleitung einer konstruktiven Wende.

Interpersonaler Dialog

Gelingt es mithilfe von Achtsamkeit, verschiedene Fragmente unserer Identität anzusprechen und zu würdigen, die inneren Ambivalenzen zu akzeptieren oder aufzulösen, gewinnt unsere Begegnung mit anderen Menschen an Qualität. Darin werden wir verankert, u. a. durch eine offene Expression des Selbst, mehr noch, wenn wir uns gesehen und verstanden fühlen. Wenn also unsere Kommunikation gelingt: ob verbal (mit Worten), nonverbal (mit unseren Körpern), paraverbal (mit unserem Sprachtempo, der Stimmlage und -eigenschaften) als auch extraverbal (mit der Umgebung, dem Ort, der Medienart, der Erscheinungsweise). *„Zwischenmenschliche Wirklichkeit entsteht durch Zwiesprache. Was dabei zur Sprache kommt übermittelt Inhalte und macht gleichzeitig die Beziehung deutlich, welche beide verbindet oder trennt. Gemeinsam erzeugte Wirklichkeit als das, was wirkt, zu sehen, ist das eine. Wie es wirkt, das andere."* (Duss-von Werdt 2016, S. 228) Kommunizierend erfahren wir Gemeinschaft mit unserer (belebten wie unbelebten) Umwelt, die Qualität der Zusammengehörigkeit und dadurch – wie so häufig – auch Sinn und Lebendigkeit. Bedenken wir, dass der Mensch das einzige Wesen ist, welches seine Gefühle und Gedanken in Worte fassen und daraus ganze Narrative bilden kann, scheint Dialog ein Teil seiner Natur zu sein. Wir können uns abstrakter Formen bedienen, Metaphern und diverse Humorarten blitzschnell decodieren und hunderte von Sprachen entwickeln. Ein *homo dialogicus* lebt sich offensichtlich in der Vielfalt aus, wie er dies in den griechischen *polis* oder den dörflichen Gemeinden der europäischen Länder vor Jahrhunderten tat und in den heutigen Bemühungen, partizipative Räume wieder zu öffnen, tun kann. Durch Jahrtausende verhalf der Dialog, die soziale Ordnung aufzubauen und zu bewahren. Auch in Zeiten der Krise konnten Menschen im Dialog die Zugehörigkeit, die Sicherheit und die (Selbst-)Wirksamkeit ihrer Gruppe erleben, die wiederum ihre Identität stärkte und nebenbei für Wissensvermittlung und neue Ideen sorgte.

Heute, weltweit vernetzt, haben wir noch mehr Möglichkeiten, den Dialog zu pflegen. Zugegeben, unsere Kommunikation hat Dank der technologischen Entwicklung nicht nur gewonnen. Wir führen Prozesse *online* durch. Wir lernen, (ver-)kaufen und verlieben uns *online*. Ob unsere Kommunikation dadurch nicht allzu verkürzt wird? Auf die Mitteilung einer Information, pragmatische Verständigung reduziert, in der Ansichten und Absichten als auch emotionaler wie sozialer Status der Beteiligten zwar vermittelt werden, die wechselnden AbsenderInnen und EmpfängerInnen dennoch in dem Bedeutungsrahmen der eigenen Erfahrung bleiben, ob es sich um deren Begriffe, Intentionen oder Gefühle handelt. Können wir auf diese Art und Weise eine echte Begegnung erleben? Wohlwissend, dass wir uns

> sowohl bei einer gelungenen Begegnung als auch einer ‚Vergegnung' – wie Martin Buber sie nennt – (…) in einer Rückmeldungsschleife (drehen), die sich kein zweites Mal wiederholt und deshalb nicht verallgemeinert werden kann. Mitmenschliche Wirklichkeit entsteht ausschließlich in der Kommunikation von einmaligen Inter-Subjekten. Du und ich sind lebenslange Unikate ohne Doppelgänger. Dennoch haben wir eines gemeinsam: Wir sind alle darin gleich, anders zu sein. Aus dieser ‚gleichen Verschiedenheit' im Anderssein von Du und Ich entstehen Konflikte wegen Unterschieden (Duss-von Werdt 2016, S. 232).

In einer Kritik dieser Kommunikation sagt Duss-von Werdt (2016):

> Oft kommt es mir vor, man würde einander die Mit-Menschlichkeit aufkündigen und sich von ihr verabschieden. Von einem Wir-Gefühl als Menschheit sind wir umso weiter entfernt, je mehr die Globalisierung des Wettbewerbs aller gegen alle noch zunimmt. Die sozialen Medien schaffen ebenso Nähe und Distanz wie Freundschaft und Entfremdung (…). Ob wir uns mögen oder nicht, wir existieren nicht als abgeschlossene Egos, sondern als Inter-Subjekte, als zugewandte oder abgewandte Mit- und Zwischenmenschen.

Der interpersonale Dialog kann unterschiedliche **Formen** annehmen. Er kann **motivierend** sein und einen Kontakt mit jemandem ermöglichen, der im Idealfall die eigene Selbstwirksamkeit stärkt. Auf William Miller und Stephen Rollnick (2002) zurückzuführen, gelingt dies am besten, wenn die Fähigkeiten, Stärken und sozialen Ressourcen des Gegenübers besonders aufmerksam hinsichtlich möglicher Veränderungen fokussiert werden. Durch einen empathischen Austausch wird das Bewusstsein der eigenen Stärken (wieder) präsent und auf die Bewältigung einer konkreten Herausforderung hingearbeitet. Vorhandende Ambivalenzen werden, bevor sie erforscht und aufgelöst werden, in ihrer Bedeutung für alle Lebensentscheidungen anerkannt. Als Personen können wir i. S. v. motivierendem Dialog einen adäquaten Gesprächsrahmen, als Unternehmen strukturelle Bedingungen bieten, in denen der richtige Umgang damit sowie die intrinsische Motivation für eine Veränderung gefunden und/oder aufrechterhalten werden kann. Eine andere Dimension erreicht der sog. **soziokratische Dialog:** aus den Elementen „sozio" (lat. *socius* als Gefährte) und „kratie" (gr. *krateia* als Herrschaft) bestehend bedeutet Soziokratie eine Art Macht der Verbündeten und wird heute als Methode zum Auf- und Ausbau effektiver, agiler und resilienter Organisationen verstanden. Auf Auguste Comte und sein Verständnis davon als *„soziale Ordnung der Zukunft"* zurückzuführen, ist Soziokratie von Gerard Endenburg in seinem Unternehmen zu einem demokratischen Organisationsmodell weiterentwickelt worden (vgl. soziokratie.org). Kern eines soziokratischen Dialogs ist der Konsent (kein Konsens!) als eine Umkehrung der demokratischen Mehrheit und die Möglichkeit zugleich, dass viele Menschen an diesem Dialog partizipieren. Wenn kein schwerwiegender Einwand gegenüber einer Entscheidung erhoben wird, kann diese getroffen werden. Umgekehrt wird ein solcher Einwand unter der Berücksichtigung von Motivation und Rolle der Teilnehmenden diskutiert, und zwar bis alle konsent sind (d. h. niemand einen schwerwiegenden Einwand hat; vgl. auch systemisches Konsensieren und *Holocracy*). Wird ein Dialog ohne ein vorgegebenes Thema begonnen, um das gemeinsame Denken und Kommunizieren zu üben, während die Inhalte nur als Vehikel dienen, um den Prozess zu ermöglichen, sprechen wir vom sog. **generativen Dialog** (vgl. Zeuch 2016, S. 220). **Zielgerichtet** wird ein Dialog, wenn wir ihn mit einem vorgegebenen Thema und dem Zweck, eine Frage zu beantworten oder ein Problem zu lösen, starten.

2.3.2   Gewaltfreie Kommunikation

Gewaltfreie Kommunikation wurde von Marshall B. Rosenberg entwickelt, der zunächst die gewalttätigen Verhaltensweisen von jungen Menschen zu ergründen versuchte. Als er die unerfüllten Bedürfnisse als eine häufige Ursache für Gewalt und die wichtige Rolle, die unsere Gedanken und Sprache dabei spielen, identifizierte, erarbeitete Rosenberg einen strukturierten Weg der Unterstützung, die sogenannte gewaltfreie bzw. bedürfnisorientierte Kommunikation (GfK), siehe Abb. 2.2.

Mithilfe dieses Modells können wir lernen, die unerfüllten Bedürfnisse zu identifizieren und selbst unter schwierigsten Bedingungen einfühlsam zu bleiben. Trotz einer einfachen Formulierung des Modells ist seine konkrete Ausführung nicht leicht. Daher ist es empfehlenswert GfK als eine Haltung und nicht als Technik zu betrachten. In der Business-Variante werden die ersten beiden Schritte schweigsam reflektiert und nur die Bedürfnisse wie die Bitte – als Verständnisfrage oder Handlungsbitte – gegenüber dem Gesprächspartner geäußert. Diesem Vorgehen wohnt das Vertrauen inne, dass Menschen kooperativ sind und gerne zum Wohlergehen anderer beitragen, wenn sie dies freiwillig tun können, keine eigenen Anliegen oder Bedürfnisse dem entgegenstehen und sie darauf vertrauen können, dass sie ebenso berücksichtigt werden. Jede Form von Kritik, Angriff, Urteilen wird als Ausdruck unerfüllter Bedürfnisse gesehen und daher daran geglaubt, dass alles, was Menschen tun, Versuche sind, sich Bedürfnisse zu erfüllen (plausible Intention).

Gelingt es, diese Grundannahmen und Haltung zu verinnerlichen, entwickeln wir unsere (Selbst-)Empathie und auch eine sog. **kontrollierte Selbstbehauptung** weiter. Wir lernen daher uns selbst wie andere besser zu verstehen und im Fall von Spannungen oder Konflikten hierüber aufrichtig wie respektvoll zu kommunizieren. Weil Menschen sowohl universelle Emotionen zeigen können (Ekman 1971) als auch solche Bedürfnisse haben (Maslow 1954), können wir uns entlang der genannten Prämissen gut miteinander verständigen. Das, was uns aufgrund unserer Sozialisierung unterscheidet, sind die Strategien, mit welchen wir diese Bedürfnisse erfüllen. Wie können wir trotz dieser Unterschiede miteinander leichter in Kontakt kommen, auch dann, wenn etwas bereits vorgefallen ist?

Prozess Schritte	Selbsteinfühlung Fokus auf mir selbst	Aufrichtigkeit Fokus auf mir selbst	Einfühlung/Empathie Fokus auf dem anderen
1. Wahrnehmung	Wenn ich sehe/höre …	Wenn ich sehe/höre …	Wenn du siehst/hörst …
2. Gefühl	… fühle ich mich …	… fühle ich mich …	… fühlst du dich dann …
3. Bedürfnis	… weil ich … brauche.	… weil ich … brauche.	… weil du … brauchst?
4. Bitte	Deshalb bitte ich mich …	Deshalb bitte ich dich …	Möchtest Du, dass ich … ?

Abb. 2.2 Modell der GfK. (Rosenberg 2013)

Thomas Gordon (1974) nennt **12 Kommunikationssperren,** die zum Ausdruck bringen, was in der Kommunikation eher trennende Wirkungen hat, als dass es gegenseitiges Verständnis fördert:

1. Befehlen, anordnen, auffordern
2. Beraten, vorschlagen, Lösungen liefern
3. Belehren, überzeugen, sich auf eine fremde Autorität berufen
4. Forschen, verhören
5. Beschimpfen, beschämen, bloßstellen
6. Interpretieren, analysieren, diagnostizieren
7. Moralisieren, predigen, beschwören
8. Beschwichtigen, beruhigen
9. Ablenken, ausweichen, Rückzug
10. Warnen, drohen, mahnen
11. (Ver-)urteilen, kritisieren, beschuldigen
12. Taktisch loben, schmeicheln, bestechen, bitten, betteln.

Insbesondere die letzte Sperre scheint im Zeitalter der externalisierten Anerkennungsdynamik häufig vorzukommen. Jedenfalls laufen wir Gefahr, wenn wir diese Verhaltensweisen ausleben, zu einer destruktiven Gesprächssituation beizutragen, unser Gegenüber zum Schweigen zu bringen oder in diesem das Bedürfnis nach Rechtfertigung und eine Abwehrhaltung auszulösen. Gelingt es uns dagegen, diese Sperren auszulassen, gewaltfrei zu sein und auch **Carl Rogers Kriterien** (1981) in eine Beziehung zu integrieren, können wir unser Gegenüber besser verstehen sowie auch selbst besser gesehen und verstanden werden. Insbesondere wenn wir über das genannte hinaus

- das gegenseitige Wahrnehmen als Personen, die sich voneinander unterscheiden sowie
- Sensibilität und bedingungslose Akzeptanz gegenüber dem anderen pflegen, als auch
- unsere eigene wie des Gegenübers Authentizität wie Integrität wahrnehmen und stärken.

Eine besondere Aufmerksamkeit erhalten im Kontext der GfK das Thema Ärger und ein guter Umgang damit. Langfristig heruntergeschluckt oder unkontrolliert ausagiert schadet Ärger dem Betroffenen wie seiner Umgebung. Dabei soll Ärger, wie Angst oder andere Emotionen, wertungsfrei angenommen und auf dahinterliegende Bedürfnisse überprüft werden. Er könnte ja zeigen, wie motiviert und engagiert jemand ist. Oder aber, wo ein Entwicklungspotenzial liegt und welche Bedürfnisse noch nicht erfüllt sind. Abb. 2.3 veranschaulicht die unterschiedlichen Umgangsformen mit Emotionen wie Ärger und die möglichen Konsequenzen, wenn man in einem ungünstigen Umgangsmodus bleibt.

2.3.3 Medi(t)atives Denken

Eine Art zu denken, in der es über die aktuell sichtbaren Unterschiede der Betroffenen hinaus das Vertrauen auf etwas Gemeinsames, auf eine Verbindung gibt, welche nicht nur in jedem Gedanken, sondern auch in jeder Handlung bewusst gesucht wird und auf die achtsame Grundhaltung sich selbst und anderen gegenüber zurückzuführen ist.

> ▶ *Das mediative Denk-Instrument ist von früh auf lernbar, wie ein Musikinstrument. Es sollte aber, damit es freudvoll und gewinnbringend eingesetzt werden kann, auch lebenslang geübt werden* (Noa Zanolli).

Medi(t)atives Denken wird verstanden als eine Denkweise, in der universelle Bedürfnisse wie Würde und Einzigartigkeit eines jeden Menschen anerkannt werden und auf eine Begegnung *jenseits von richtig und falsch* (Dschalâl-ed-dîn Rumî) vertraut wird. Aus einer epistemischen Bescheidenheit und Achtsamkeit hergeleitet glaubt ein medi(t)ativ Denkender, dass jedem Menschen Ressourcen zur Verfügung stehen, mit denen er seine Herausforderungen meistern kann, die aber dennoch strukturelle Einschränkungen erfahren können wie z. B. Menschen, die in Kriegsgebieten leben und die zwar ihr Bestes geben können, um sich eine lebensbejahende Einstellung zu erhalten, die objektiv dennoch großen Gefahren ausgesetzt sind, die ihre Lebensqualität beeinträchtigen und – euphemistisch ausgedrückt – zu Unmut führen können.

In der medi(t)ativen Haltung denkend und handelnd wird sich stets um das Verständnis der eigenen Regungen, der dynamischen wie pluralen Identitäten bemüht und ein persönlicher Reifungsprozess angestrebt. Nach innen wie nach außen in seiner Mitte immer wieder ankommend, vermittelt ein medi(t)ativ Denkender zwischen Personen oder Organisationen. Er geht in die Mitte, dazwischen, verbindet im Gespräch und bemüht sich um eine respektvolle Begegnung der

Paradigma	Herrschaft (Macht über)		Partnerschaft (Macht mit)
	Aggressiv Unbewusst & gewohnheitsmäßig	**Unterwürfig** Unbewusst & gewohnheitsmäßig	**Selbstbehauptend** Bewusst & reflektiert
Haltung			
Emotionen	Werden ausagiert	Werden unterdrückt	Werden wahrgenommen, gesteuert und verbalisiert
Intention	Sich durchsetzen	Konflikte vermeiden	Sich verständigen
Strategien	Vorwürfe, Unterstellungen, Schuldzuweisungen, Forderungen, Anordnungen, Tadel, Belehrungen	Schutz-Behauptungen, Schein-Zustimmung, Zurückhalten von Informationen, resignierter Rückzug, höfliche Maske	Eigene Wünsche, Werte, Grenzen, Gefühle, Bedürfnisse wahrnehmen und klar und deutlich zum Ausdruck bringen - ohne zu erwarten, dass der adere zustimmt und tut was wir wollen; sich auch in den anderen hineinversetzen
Folgen	Verletzungen, Kränkungen, Reibungsverluste, Vereinsamung, vergiftete Atmosphäre	Pseudo-Harmonie, verkrampfte Atmosphäre, Verlust von Vitalität und Kreativität, Krankheit	Verständigung, Verbindung, Kooperation, Kreativität, Effektivität, Wirksamkeit, verbessertes Selbstwertgefühl und Wohlbefinden, wachsender (Selbst-) Respekt und (Selbst-)Vertrauen ...
Metapher	Wolf / Kick-and-Rush	Schaf / Catenaccio	Giraffe / Kontrollierte Offensive

Abb. 2.3 Umgangsformen mit Emotionen wie Ärger. (angelehnt an das Modell von Silvia Richter-Kaupp)

Betroffenen. In dieser Haltung wird darauf vertraut, dass *„unterschiedliche(s) Wissen, verschiedene Vorstellungen, andere Ansprüche, auch entgegengesetzte Ziele oder gar ungleiche Werte (…)"* sich doch irgendwie begegnen und mithilfe einer konstruktiven Auseinandersetzung zu einer Verständigung führen können. In Anbetracht der vielen FeindInnen von pluralen Gesellschaften und steigender Radikalisierung ein sehr wichtiger Ansatz, denn

> mediativ denkende Menschen, die unabhängig denken, konsensfähig und kompromissbereit sind, haben die nächsten Generationen im Auge, orientieren sich am Gemeinwohl, verfolgen nicht partikuläre Interessen und werden nicht von den Ideologien geleitet. Es sind Persönlichkeiten, die eine andere Erfahrung der Welt ermöglichen, ein erweitertes Bewusstsein von Möglichkeiten aufdecken und somit auch beitragen, eine Haltung zu entwickeln, die sich selbst zur Welt mitgestaltend in Beziehung setzt, anderen Menschen mit Verstand und Empathie begegnen und immer auch einen Kontext zu berücksichtigen wissen (Zanolli 2017, S. 116 f.).

Um sich dem medi(t)ativen Denken zu nähern, lohnt es sich, außer den Achtsamkeitsübungen folgende Ideen wirken zu lassen:

1. **Lethologie** – als Lehre des Nichtwissens, in der das eigene Wissen weggeparkt wird und ein völliger Fokus auf das Gegenüber stattfindet. Nach Radatz (2010, S. 30) ganz nach dem Motto: *„Ich besitze mit Sicherheit nicht den Stein der Weisen. Warum finden wir nicht zusammen heraus, was in dieser Situation passend erscheint?"*
2. **Emotionale Intelligenz** – (EQ), die auf Daniel Goleman (1995) zurückzuführen ist und eine Palette von Fähigkeiten, mit eigenen und fremden Emotionen konstruktiv und kooperativ umzugehen, umfasst. EQ ist als eine Erweiterung der klassischen Vorstellung des Intelligenzquotienten zu betrachten, allerdings lebenslang entwicklungsfähig und laut diverser Studien der Erfolgsfaktor im beruflichen wie im privaten Lebensbereich. Achten wir auf die Botschaften eigener und fremder Emotionen, werden Entscheidungen und Aktionen für uns selbst stimmiger und nachhaltig erfolgreich. Um zu dieser Achtsamkeit zu verhelfen und die EQ (weiter) zu entwickeln, ist es sinnvoll, folgende Komponenten des Daseins immer wieder zu reflektieren:
   a) **Selbst-Bewusst-Sein** als ein Zustand, in dem eine Person ihre eigenen Emotionen, als auch die eigene Identität wahrnehmen und beschreiben kann.
   b) **Selbst-Management** als die Fähigkeit, die erkannten Emotionen auch zu beeinflussen.

c) **Selbst-Motivation** als die Fähigkeit, Kraft wie Disziplin, eigene Träume und Ziele zu verwirklichen.

d) **(Selbst-) Empathie** – als die Fähigkeit, sich in sich selbst wie in eine andere Person einzufühlen, deren Perspektive annehmen und paraphrasieren zu können.

e) **Engagement** in Bezug auf sich selbst und in Beziehungen mit anderen Menschen.

f) **Selbstwirksamkeit** – als Überzeugung, das eigene Leben nach eigenem Ermessen gestalten und leben zu können, also volle Verantwortung hierfür zu übernehmen.

▶   *Menschen, die langfristig erfolgreich sind, haben genauso viele Konflikte wie alle anderen – sie lösen sie nur anders* (Anita von Hertel).

2.3.4   Konfliktkompetenz in der Führung

Wie wichtig es ist, mit Konflikten zwischen Teams, Abteilungen oder Partnerunternehmen professionell umgehen zu können, wurde bereits erklärt. Ähnlich der Tatsache, dass Konflikte mannigfaltig und fast immer multikausal sind, ist es nur folgerichtig, dass auch die Möglichkeiten, sich in Konflikten zu verhalten, ebenso vielfältig sind. Abhängig von der persönlichen Disposition, von der Sozialisierung und anderen Faktoren gelingt es uns das eine Mal eher, das Anliegen des Gegenübers zu sehen und eine konkrete Situation mehrperspektivistisch zu betrachten, ohne die Innenperspektive oder Ruhe zu verlieren, während wir uns ein anderes Mal primär um die eigene Perspektive kümmern (müssen) und uns schwer tun, geduldig auf die Symptome eines Konflikts zu reagieren. Diese Unterschiede sollen keinesfalls bewertet werden. Sie sind schlicht da und damit ein Teil der Wirklichkeit. Viele von uns haben ja – ob im Elternhaus oder in der Schule – gelernt, dass Machtworte Diskussionen unterbinden, Symptome unterdrücken oder Menschen in ein vermeidendes Verhalten zwingen. Erfahrungsgemäß mit unangenehmen Folgen. Wollen Sie Ihre Konfliktkompetenz stärken, bietet die Übung Konfliktwurzel (Abb. 2.4) einen guten Einstieg hierfür. Sie benötigen lediglich ein Blatt Papier und etwas Ruhe, um folgende Fragen zu beantworten.

Anschließend kann nach und nach aus der Palette der dazugehörigen sozialen, emotionalen, methodischen, organisatorischen, fachlichen wie auch kognitiven Kompetenzen geschöpft werden. Primär mit dem Ziel, Konflikte frühzeitig zu erkennen, sie nach ihrer Art und ihrem Eskalationsgrad zu erfassen und einzuschätzen, als auch darum, die eigenen und fremden Anteile eines Konflikts bzw.

Abb. 2.4 Konfliktwurzeln. (angelehnt an Claude-Hélène Mayer 2006)

dessen Verlauf zu erkennen und damit konstruktiv umzugehen (vgl. Mutzeck 2008, S. 100 ff.) Abhängig von dem Kontext, in dem Sie sich bewegen, wie von den Rollen, die Sie übernehmen, können unterschiedliche Kompetenzen wie auch Komponenten, Charakteristika und damit auch Kategorien des Konflikts von Bedeutung sein. Diese zu unterscheiden, im besten Fall auf eine interventions-orientierte Konflikttypologie und eine vorsichtige Konfliktdiagnose zurückgrei-fen zu können, kann Ihnen wiederum helfen, den konkreten Situationen adäquat zu begegnen. D. h. wenn Sie an einem Konflikt persönlich beteiligt sind, werden Sie anders agieren können als wenn Sie diesen als Führungskraft oder Personal-verantwortliche aus gewisser Distanz angehen müssen. Was in jedem Fall wirkt, ist, den subjektiven Wahrnehmungen und Interpretationen, Zielvorstellungen und Handlungen der Beteiligten wertschätzend zu begegnen. Bloß wie?

In einem hausgemachten Konflikt hilft es zumeist – bevor man dem Gegen-über überhaupt offen zuhören kann –, die eigene Perspektive genauer zu betrach-ten. Indem Sie tief durchatmen und neugierig schauen, welche Gedanken, Regungen und Emotionen sichtbar werden, kommen Sie in einen Kontakt mit Ihren Bedürfnissen und können so zu der eigenen Klarheit beitragen. In akuten Fällen empfiehlt es sich, sich zurückzuziehen. Idealerweise mit Ankündigung, sodass Ihr Gegenüber eine Chance erhält, Ihr Anliegen zu verstehen, wie z. B. mit der Information: *Im Moment bin ich etwas überrascht und muss mir zunächst*

Klarheit darüber verschaffen, welche Konsequenzen das Thema haben kann. Ich werde mich morgen dazu äußern, einverstanden? Folgende Fragen können zu dieser Klarheit beitragen:

- Was ist geschehen, was würde eine Kamera aufnehmen?
- Wie ging es mir dabei?
- Was macht die Situation jetzt mit mir?
- Welche meiner Bedürfnisse werden deswegen nicht erfüllt? Welche wiederum schon?
- Was könnte mein Gegenüber wahrgenommen, gefühlt und gebraucht haben?
- Unter welchen Umständen hätte ich mich genauso fühlen, so denken oder handeln können?
- Wissend um all diese Gefühle und Bedürfnisse, was will ich in den nächsten a) 10 min und b) 3 Tagen tun oder lassen, um die Situation zu verbessern?

Werden Sie in einem Konflikt um Rat gebeten, können Sie mithilfe einer vorsichtigen Diagnose den Typ des Konfliktes, dessen Umfeld, den Grad der Eskalation und die Bereitschaft der Betroffenen einkreisen, um eine allererste Orientierung und Indikationsstellung vorzunehmen. Gleichzeitig können Sie offen und wachsam Ihre eigene Rolle, Ihre Handlungsmöglichkeiten und auch Einschränkungen überprüfen und erst dann eine Intervention überlegen, die folgender Unterscheidung von Konfliktdimensionen entspricht:

1. **Konfliktpotenzial** – woraus entsteht Konflikt oder wodurch kann er eskalieren (persönliche wie sachliche Einflussfaktoren)?
2. **Konfliktprozess** – Menschen bringen in die Konflikte nicht nur (die am meisten sichtbaren) gegensätzlichen Interessen, sondern auch seelische Befindlichkeiten ein, die wiederum von ihrer Wahrnehmung geprägt werden. Einseitige Sichtweisen und Positionsverharrung, Handlungen und Kampf um die Positionen münden in Aktionen und Gegenaktionen, die wiederum eine Spirale von destruktiven Verhaltensweisen unterstützen und Verzerrungen im Denk- und Vorstellungsleben bewirken, die das gegenseitige Misstrauen verstärken.
3. **Konfliktfolgen** – persönlicher oder sachlicher Natur, beabsichtigt oder nicht.

Wollen Sie herausfinden, um welche Art von Konflikt es sich bei den gegenwärtigen Ereignissen handelt, mögen Ihnen im Weiteren diese **Diagnosefragen** bei der Orientierung helfen:

- Worüber streiten die Beteiligten?
- Wer ist an dem Streit beteiligt?

- Wo befindet sich der Streit aktuell (auf welcher Eskalationsstufe, vgl. Glasl ebd.)?
- Wie ist dieser entstanden?
- Wie gestaltet sich die Beziehung der Beteiligten untereinander sowie gegenüber der Organisation?
- Welche Engpässe weist die Organisation auf, die den Konflikt beeinflussen könnten?
- Was wollen die Beteiligten in ihrem Konflikt zum Ausdruck bringen? Wozu ist es ihnen wichtig, diesen auszutragen, oder was genau wollen sie dadurch erreichen?
- Wer besitzt welche Entscheidungsbefugnisse?
- Wie steht die Organisation zu Konflikten unter den Beteiligten, im Einzelfall und im Allgemeinen?
- Was brauchen Sie als Führungskraft, um mit Ihren Erkenntnissen einen konstruktiven Schritt in Richtung Konfliktlösung unternehmen zu können?

Wer andere bei einem Konflikt auf dem Weg zur Verständigung strukturierend begleiten möchte, kann neben der medi(t)ativen Denkart auch **mediative Kompetenzen** entwickeln oder aus den mediativen Kenntnissen nach seinem Ermessen schöpfen. Konkret heißt das in erster Linie zuhören und zwar aktiv, empathisch statt sympathisch. Während wir uns im ersten Fall in den anderen Menschen hineinversetzen, uns bemühen, seine Perspektive nachzuvollziehen (*‚Bist Du verärgert, weil Du Dir eine klare Rückmeldung zur Qualität Deiner Arbeit von XY gewünscht hättest, anstatt dass er Dir das Projekt einfach entzieht?‘*), neigen wir im zweiten Fall dazu, nach Ähnlichkeiten mit uns selbst Ausschau zu halten (*‚Das verstehe ich sehr gut. Mir ging es damals, als XY geschah, genauso‘*). Will eine Führungskraft dem Konflikt mediativ die Stirn bieten, kann sie sich des ALPHA-Modells (von Hertel *ebd.*) bedienen. Dieses enthält fünf Phasen, denen wiederum konkrete Ziele zugeordnet werden:

1. **A** wie **Auftragsklärung:** *Was genau liegt zwischen Ihnen und der anderen Partei? Was wollen Sie diesbezüglich klären?* Idealerweise in einem Auftragssatz/Zielsatz formuliert.
2. **L** wie **Liste der Themen,** welche besprochen werden müssen, um das Ziel zu erreichen.
3. **P** wie **Positionen** und **Interessen:** Erhellen, was hinter den Symptomen versteckt sein könnte (worum geht es wirklich?): *Wozu ist es Ihnen wichtig, XY zu tun/haben/erleben/lassen?*
4. **H** wie **Heureka:** Bei der Lösungsfindung fragend begleiten: *Angenommen, Sie würden für diese Situation eine Lösung finden: wie müsste sie sein, damit sie auch für Sie funktioniert? Wie noch? Abgesehen davon, ob es im Moment realistisch erscheint sind oder nicht: welche Ideen für diese Situation fallen Ihnen ein?*

5. **A** wie **Abschlussvereinbarung:** die Ideen führen zu einer Lösung, die, kritisch überprüft, in eine konkrete Vereinbarung übergeht. *Wer macht mit wem und bis wann was konkret?*

Während Sie dieses Modell in der Praxis ausprobieren, vergessen Sie nicht: *„Offene Fragen weiten den Blick, geschlossene Fragen setzen unter Druck"* (Duss von Werdt 2016, S. 230).

▶ *Zu wissen, dass jeder Mensch zählt, ob schwarz, weiß, rot, gelb oder braun. Die Erde zählt. Das Universum zählt. Mein Leid zählt, Dein Leid zählt. Wenn du dich nicht um mein Leid scherst und mir dein Kummer gleichgültig ist, so werden wir beide von Hunger, Massenmord, Krankheit ausgelöscht werden* (Ruth Cohn).

2.3.5 Themenzentrierte Interaktion

Themenzentrierte Interaktion (TZI) unterstützt das Verständnis und die Gestaltung von Arbeitsprozessen in Gruppen. Federführend von Ruth Cohn entwickelt hat sich TZI darauf fokussiert, *„dem ursprünglich gesunden Menschen ein Leben (zu) ermöglichen, in dem er gesund bleiben kann"*. Ganzheitlich orientiert kümmert sich das Modell zugleich nicht bloß um das individuelle Wohlbefinden einer Person, sondern auch um ihre politische Verantwortlichkeit in der Welt. TZI bedient sich der Überzeugung, dass jeder Mensch partiell mächtig ist. Dass er, statt der erlernten Hilflosigkeit zu erliegen, **Axiome** aufgreifen und damit zu seiner eigenen Chairperson werden kann. Insbesondere, wenn er Gruppen zur Kommunikation wie Kooperation befähigen, ihr Vertrauen stärken will, lustvollere und bewusstere Beziehungen unter den Gruppenmitgliedern, bzw. deren Öffnung für Sozialkontakte ermöglichen will, sollte er sich selbst, andere und die Umwelt in den Möglichkeiten und Grenzen wahrnehmen und jede Situation als ein Angebot für die eigene Entscheidung annehmen.

Die TZI geht hiernach von der Autonomie und Interdependenz jedes Menschen aus, der als eine psycho-biologische Einheit auch ein Teil des Universums und darum autonom ist. Ehrfürchtig vor allem Lebendigen und seinem Wachstum, vertrauend in die freie Entscheidung, die innerhalb bedingender innerer und äußerer Grenzen getroffen wird, soll man in diversen Prozessen Störungen Vorrang geben. Ähnlich wie leidenschaftliche Gefühle sollen diese als Wirklichkeiten der betroffenen Personen angenommen werden und jeder sein Tun und Lassen, persönlich wie gesellschaftlich, verantworten.

2.4   Die gesunde Organisation

Haben viele Individuen und kleine Gruppen gelernt, mit ihren Ressourcen ökologischer umzugehen, können sie eine ähnliche Kultur auch in der Organisation anstoßen. Idealerweise bietet die Organisation entsprechende Strukturen, will sie auf dem volatilen Markt gesund fortwirken können. Spätestens seit 2013 werden zumindest die deutschen Organisationen dazu verpflichtet, die Gesundheit ihrer MitarbeiterInnen zu fördern, Stress und Belastungsfaktoren zu identifizieren und diesen entgegenzuwirken (§ 5 Arbeitsschutzgesetz BGBl. I S. 1474). Die Entscheidungsträgerinnen wissen zumeist, dass sie ohne gesunde MitarbeiterInnen keine qualitative Arbeit leisten und damit kaum eine Wettbewerbsfähigkeit oder einen unternehmerischen Erfolg erbringen können. Man könnte zwar argumentieren, der Mitarbeiter selbst sei für seine Gesundheit verantwortlich. Oder der Staat. Aber dessen Arbeitgeber? Und dennoch, spätestens seitdem alle menschlichen Beziehungen durch das Prisma ihrer Wirtschaftlichkeit gesehen und das System, in dem wir heute leben und arbeiten, auf maximalen Gewinn und Leistung fokussierte Strukturen schafft, wird auch der Arbeitgeber immer mehr in die Verantwortung genommen. Weil das Zusammenwirken von personalen, sozialen, arbeitsbezogenen und organisationalen Faktoren *„die Verarbeitung von Belastungen, das Ausmaß von Erschöpfung und potenziell resultierende Gesundheitsschädigungen"* beeinflusst (Schubert 2016, S. 240), scheint eine **Ausbalancierung der Verantwortung für die Gesundheit der MitarbeiterInnen zwischen Staat, Unternehmen und Individuum** notwendig.

Die Ökologie des Menschen, inkl. seiner Gesundheit als Erwerbstätiger, zeigt auf der Landkarte diverser Einflüsse deutlich an, wie der aktuelle Arbeitskontext unsere Gesundheit aufrechterhält oder eben beeinträchtigt. Im globalen oder hier staatlichen Gefüge verortet wissen wir mehr oder weniger um die Auswirkungen der Migrationsbewegungen und politisch gewollte Angstdynamiken (vgl. Kultur der Furcht und Schadensvorbeugung, Bröckling 2017, S. 74). Wir beobachten den Abbau von sozialstaatlichen Programmen, die *„der Existenzsicherung der Erwerbsbevölkerung und der Wahrung fairer Arbeits- und Lebensverhältnisse dienen"* sollte (ebd., S. 254). Die Akzeleration von Arbeit (als *„fortlaufende Beschleunigung und Verdichtung von Produktions-, Dienstleistungs- und Kommunikationsprozessen bei gleichzeitig steigender Komplexität der Aufgaben und zunehmenden Anforderungen an die geistige Aufnahme- und Lernfähigkeit der Erwerbstätigen"* verstanden, ebd., S. 250), der (internationale) Wettbewerb und eine beinahe permanente Unsicherheit, da unbefristete Arbeitsverhältnisse zum Normalfall werden, sprechen für sich. Nur noch am Rande möge die bereits genannte ständige Erreichbarkeit, die Entgrenzung und Subjektivierung der Arbeit erwähnt werden. Daher ist es so relevant zu überprüfen, wie und was Organisationen dazu beitragen können, ihren MitarbeiterInnen in diesem Gefüge zur Seite zu stehen.

Fangen wir bei **gesunden Strukturen** an, für deren Entwicklung zuerst die eigene Positionierung in der leistungsorientierten Gesellschaft eruiert werden muss. Dabei sich immer wieder neu die Organisationen auch fragen: Was ist unsere Vision? Was bedeutet der Mensch für unsere Organisation? Wie verstehen wir Wachstum, Nachhaltigkeit und soziale Verantwortung? Fordern unsere Strukturen ein ökologisches Miteinander oder nähern wir uns eher der modernen Sklaverei? (vgl. Fengler und Sanz 2011; Byung-Chul Han 2010). Kann bei uns Bestehendes verbessert, weiterentwickelt und das in der Organisation vorhandene Potenzial zur vollen Entfaltung gebracht werden? Je nach den Antworten kann folglich auf diverse strukturelle Maßnahmen zurückgegriffen werden. Ob gegenwarts- wie zukunftsorientierte Führungsmodelle, Branchen- und personenorientierte Weiterbildungs- und Entwicklungsmaßnahmen, wie z. B. Umstrukturierung, Veränderungsprozesse oder Coaching dem Bedarf am besten entsprechen, lässt sich beim näheren Betrachten entscheiden.

Allgemein kann ein gesamtes **Gesundheitsmanagement** aufgebaut und durchaus effektiv werden, sofern es aufeinander abgestimmte Lern- und Entwicklungsprozesse hin zu gesunder Führung fördert (Hänsel 2016, S. 259; vgl. Kallenbach 2017) und nicht lediglich auf die Funktionalität der MitarbeiterInnen setzt. Indem die Organisation eine gesunde Führungskultur klar unterstützt, sie als Vorbild für einen ökologischen Umgang mit diversen Ressourcen vorangeht, indem sie Räume für Mit- wie Selbstbestimmung und Selbstverantwortung aller und zugleich für ein kooperatives Verhältnis zwischen MitarbeiterInnen und Hierarchieebenen schafft, können nicht nur Krankheitstage minimiert, sondern auch **Motivation, Gemeinschaft und Loyalität** mit der Organisation gestärkt werden. Andersherum geht nicht nur auf der Ebene der Gesundheit und der Morale, sondern auch ökonomisch viel verloren. Allein in der Wirtschaft waren es 1,3 Billionen EUR, die von 2001 bis 2013 infolge mangelnder Mitbestimmung fehlten (Zeuch 2015, S. 12). Mindestens, da hier nur diejenigen Verluste berücksichtigt wurden, die sich überhaupt beziffern lassen. Hinzu kommen verminderte Produktivität, erhöhte Fehleranfälligkeit mit entsprechenden Reklamationen, mangelnde Kreativität und geringere Innovationskraft. Im Kontakt mit anderen Organisationen folgen schlechte Mund-zu-Mund-Propaganda, Sabotage, Veruntreuung oder Diebstahl und natürlich jede Menge Konflikte.

Sollen Sie sich in Ihrer Organisation auf den Weg zu einer gesunde(re)n Organisation machen wollen, könnten folgende **Entwicklungsfelder** für Sie interessant werden:

1. Direktes Führungshandeln: eigener Umgang mit Dis-Stress und Vorbildfunktion; respektvoller Umgang auf Augenhöhe mit sich selbst wie mit den MitarbeiterInnen.

2. Gesundheitsklima der Organisation – dazu gehört die bereits bei den Methoden der (Selbst-)Führung genannte Kompetenz zur Selbstregulation.
3. Charakteristika von Arbeitsplatz und Arbeitsprozess.
4. Unternehmenskultur und Architektur – ob entlang der Konzepte von *New Work,* Unternehmensdemokratie oder *Holocracy,* jeweils unter Berücksichtigung der Bedeutung von Wertschätzung, Leistungsgerechtigkeit und Kollegialität.
5. Gestaltung von Entwicklungs- und Veränderungsprozessen (ebd.).

Über die strukturelle Dimension und die bisher genannten Methoden der gesunden (Selbst-)Führung kann das **nachhaltige Engagement** strukturell wie persönlich vielfältig intensiviert werden. Ob in Form von unternehmerischer Gesellschaftsverantwortung, Gesundheits- oder Konfliktmanagementprogrammen, es geht um ein kluges und langfristig orientiertes Vorgehen, bei dem die MitarbeiterInnen dazu ermuntert werden, als Teams oder größere Gruppen vermehrt auf die Kraft des Gebens und der Gemeinschaft zurückzugreifen. Dies umso mehr, als BürgerInnen der Industrieländer der Arbeit einen sehr hohen Wert zuschreiben, darin die *„Grundlage für die materielle Existenz, für Teilhabe am sozialen Leben, für die Entwicklung von Status, Selbstbewusstsein und Identität"* (Schubert 2016, S. 254) sehen. Bevor Sie daher demotiviert werden und hohe Kosten materieller wie immaterieller Art entstehen, können Sie sich fragen: Wie motivieren Sie sich selbst und wie erreichen es Ihre Teammitglieder, die Motivation aufrechtzuerhalten? Wohlwissend, dass wir andere Menschen nicht motivieren können, eine schwierige Arbeitsumgebung für ihre Selbstmotivation schaffen können wir durchaus. Daher werden Führungskräfte – u. a. aufgrund ihrer sozialen Rolle und den darin konsolidierten Erwartungen – dafür verantwortlich gemacht, dass Menschen aus dem Unternehmen gehen oder krank werden, vgl. Stimmen von 88 % der befragten PersonalerInnen und GeschäftsführerInnen, die in den Führungskräften den wichtigsten Faktor des Gesundheitsmanagements sehen (manager Seminare Juni 2017).

Wenn Sie eine arbeits- und lernfreundliche Umgebung schaffen wollen, die auch der Zusammenarbeit von Menschen dient, lohnt es sich – neben den erwähnten Entwicklungsfeldern – das Thema Motivation, der Antriebsstärke wie auch Auswüchse der modernen Sklaverei näher zu betrachten. Demnach geht die Depression als Leitkrankheit der Leistungsgesellschaft *„nicht auf ein Übermaß an Verantwortung und Pflichten zurück, sondern auf den Imperativ der Leistung als neues Gebot der spätmodernen Arbeitsgesellschaft."* (Bauman 2017, S. 58; Ehrenberg 2015, S. 23). Um dem entgegenzuwirken, prüfen Sie daher:

1. ob die MitarbeiterInnen die Ziele und Werte ihres Arbeitgebers verstehen, sich mit ihm verbunden fühlen und ihre Motivation in Handeln umsetzen
2. ob sie die nötigen Ressourcen, technische Unterstützung und ein produktivitätsförderndes Arbeitsumfeld geboten bekommen
3. ob sie aus dem durch ihre Arbeit entwickelten Wohlbefinden, der erhaltenen Anerkennung und der Teamarbeit ausreichend Energie ziehen, um ihr Leistungsniveau langfristig aufrechterhalten zu können (Towers-Watson Modell).

Wenn Sie ernsthaft Menschen in kurz-, mittel- und langfristige Entscheidungen einbeziehen, oder sogar die Führung als einen kooperativen Prozess entwickeln, bei dem Führungskräfte von den MitarbeiterInnen ausgewählt oder Teams selbstorganisiert arbeiten, können Sie verstärkt auf den Rückhalt Ihrer MitarbeiterInnen zählen. Indem Sie daher ein offenes und kollaboratives Klima fördern, bestehende informelle Regeln hinsichtlich des Umgangs mit Konflikten klären und eine professionelle Hilfestellung an angebrachten Stellen ermöglichen, tragen Sie sicherlich zu einem gemeinsamen Erfolg nachhaltig bei. Verkleinern wir den Fokus auf das methodische Vorgehen in einer gesunden Organisation, so empfiehlt es sich, die **Feedbackkultur** zu erwähnen.

Manches Engagement von Menschen geht nach einer direkten Kritik rapide verloren. Insbesondere wenn sich Engpässe oder Fehler häufen, ist es schwierig, Rückmeldung konstruktiv zu geben oder eine solche anzunehmen. Eine wohlwollende Formulierung und die Fähigkeit, Rückmeldung hinzunehmen, ohne sich zu einer Rechtfertigung gezwungen zu sehen, braucht natürlich Übung. Inklusive des Bewusstseins dafür, dass jede Begegnung mit Ihren MitarbeiterInnen eine Feedback-Situation darstellt, die für diese oft relevant ist. Daher werden Führungskräfte dazu angehalten, sich stets wie in einer geplanten Feedback-Situation zu verhalten und auch ihre Rolle bewusst wahrzunehmen. Wie erwähnt: als unmittelbare Vorgesetzte haben Sie und Ihre Art zu kommunizieren großen Einfluss auf das Vertrauen, die Leistung und das Engagement der MitarbeiterInnen. Daher kann Wertschätzung, aber auch Kritik, die wohlwollend, konkret, lösungsorientiert und verhaltensbezogen geäußert wird, die Loyalität des Mitarbeiters stärken. Wichtig ist, dabei Ihre Wahrnehmung zu beschreiben (keine Tatsachen), Verhaltensweisen zu bewerten (und nicht die Person) und Wünsche, Informationen sowie Kritik in Ich-Botschaften zu formulieren. Fragen Sie sich, ob Ihnen eine angedachte Formulierung helfen würde und bleiben stets konkret. Empfangen Sie Feedback, gelten die o. g. Regeln zzgl. der zunächst stillschweigenden Annahme des Gesagten und anschließender Reflexion, was Sie davon für hilfreich und was für eine Projektion des Gegenübers halten.

2.5   Fazit

Nach einem kurzen Blick auf die Landkarte der externen Einflüsse, inklusive der Kraft von Ambivalenz und Potenziale des Konflikts, über die Innenschau, die Stärkung des inneren Dialogs bis zu einem solchen mit anderen Menschen, haben Sie hier einige Denkweisen und Methoden der (Selbst-)Führung bzw. einer (Selbst-) Fürsorge kennengelernt, mit der Sie Ihre *ökologische Reise* starten können. Gelingt es, den einen oder anderen Ansatz in den Alltag zu integrieren, so steigern Sie Ihre Chancen, innerlich klar und nach außen konstruktiv die anstehenden Prozesse zu gestalten. Ob es sich dabei um intrapersonale oder interpersonale Dialoge, projektbezogene Sitzungen, MitarbeiterInnen-, Klärungs- oder Konfliktgespräche handelt: Klarheit und eine wohlwollende Haltung helfen allen Beteiligten, sich zu begegnen, dabei effektiv zu sein und selbst im Fall einer Eskalation gelassen zu bleiben. Nicht zuletzt, weil wir in einem solchen Raum unsere Fähigkeiten aufblühen sehen und – z. B. indem wir uns selbst gegenüber zuverlässig sind – das Selbstvertrauen des Individuums wie auch der Gruppe stärken. Sie können nun Ihre bisherige **Selbst- wie auch Gesprächs-Führung** reflektieren und schauen, was Sie wertschätzen und beibehalten, was Sie wiederum – wie, mit wem, bis wann – unterlassen oder tun möchten. Ob Sie sich eher dem *homo oeconomicus, homo bellicus* oder doch dem *homo mediator* ähnlich sehen und dies auch so bleiben soll? Nach Reinhart Gruhn ist der Mensch *„ein sehr vielseitiges, zugleich widersprüchliches und konsequentes Wesen. Seine Lebensverhältnisse wandeln sich ständig und erfordern Anpassung sowohl des Einzelnen als auch einer menschlichen Gemeinschaft. Versuche einer Antwort gibt es aber viele."* So auch bei den folgenden Übungen, die Ihnen eine vertiefte Innenperspektive ermöglichen und sowohl als Individuum als auch im Rahmen einer Organisation den ökologischen Umgang unterstützen können.

2.6   Übungen

2.6.1   Plurale Identität

Jeder Mensch erfüllt im Laufe seines Lebens diverse Rollen, die er auch mit unterschiedlichen Erfahrungen, Eigenschaften und Stärken ausfüllt. Im Sinne einer Gesamtheit von diesen Aspekten ist seine Identität (lat. *īdem*, der-, dasselbe) plural und dynamisch, da sie sich im Laufe des Lebens stets verändert. Eine Momentaufnahme, welche Rollen Sie besetzen, welche Eigenschaften und Stärken diese haben und in welcher Verbindung sie zueinander stehen, hilft, sich im Leben, bei Entscheidungen und Übergängen, zu orientieren und zur inneren Klarheit beizutragen. Nehmen Sie daher ein Blatt Papier und zeichnen in dessen Mitte einen Kreis, in den Sie dann Ihren Namen schreiben. Um den Kreis herum zeichnen Sie nun kleinere Kreise, in die jeweils Ihre konkrete Identität eingetragen wird: ob als Mann oder Frau, als Fachmann oder Führungskraft, als MusikerIn oder Elternteil. Suchen Sie nach weiteren Identitäten, so lange, bis sie den Eindruck haben, alle gefunden zu haben. Nun fragen Sie sich, welche Eigenschaften und vor allem Stärken die jeweilige Identität hervorbringt und gehen mit dieser Frage nacheinander durch alle Ihre Identitäten. Anschließend zeichnen Sie bitte die Verbindung der jeweiligen Identität zu dem Ich in der Mitte des Blattes und evtl. zu anderen Identitäten.

- Ist sie stark und lebendig oder eher schwach und kaum erkennbar?
- Gibt es Ambivalenzen oder gar Konflikte zwischen manchen davon?
- Welche Werte, welche Bedürfnisse könnten dahinter stehen?
- Was könnten Sie tun oder lassen, um diese zu erfüllen?
- Welche Erkenntnisse nehmen Sie aus der Reflexion Ihrer pluralen Identitäten mit?

2.6.2 Rahmenbedingungen für Arbeitsprozesse

Bei konkreten Anlässen können folgende **Rahmenbedingungen** Sie daran erinnern, die eigene Ökologie wie die Ihrer Umgebung und die Qualität der Teamarbeit zu verbessern sowie die Gefahren von Gruppendenken zu verringern:

1. Bedenken Sie die Engpässe in der Zeitökonomie und prüfen Sie, wann und wie Sie einen durchdachten Prozess integrieren können.
2. Vereinbaren Sie mit den Beteiligten die Regeln für einen respektvollen Umgang miteinander.
3. Sichern Sie die Möglichkeit, Ziele offen zu formulieren und moderieren Sie eventuell die Zielfindung. Dazu gehört, dass Sie als Führungskraft Ihre Präferenzen erst am Ende der Diskussion nennen und Unterstützung holen, wenn Sie Rollen- oder Interessenkonflikte vermuten.
4. Wenn Sie Themen sammeln und Ideen entwickeln, greifen Sie auf die Möglichkeit der geheimen Wahlen zurück und ermöglichen Sie einen schriftlichen (digitalen oder analogen) Austausch *(Brainwriting)* hierzu.

5. Ermuntern Sie zur Kritik, nehmen Sie Einwände und Alternativen ernst und beziehen Sie diese in Ihre Überlegungen mit ein. Am besten, indem Sie eine Person als *advocatus diaboli* wirken lassen, die die gefundenen Lösungen durchgehend infrage stellt und die mögliche Betriebsblindheit durchbricht.
6. Unterstützen Sie eine kritische Diskussion der Zwischenergebnisse unter den Teammitgliedern wie auch mit Dritten und holen Sie die Rückmeldungen für eine weitere Diskussionsrunde ein.
7. Wenn Sie Lösungen generieren, denken Sie auch an deren problematische Aspekte (Risiken, Einschränkungen) und entwickeln Sie entsprechende Notfallpläne.
8. Nach jedem Gespräch vereinbaren Sie konkrete Schritte, heben Resultate und Erkenntnisse hervor. Vielleicht gelingt es sogar, sich über diese gemeinsam zu freuen.

2.6.3 Resilienz

Die eigene Resilienz gehört zu den wichtigsten persönlichen Erfolgsfaktoren im heutigen Berufsleben und sozialen Miteinander. Was sie erhält und stärkt, ermitteln Sie mit folgenden Fragen:

1. Was schenkt mir Widerstandskraft, Belastungsfähigkeit und Flexibilität?
2. Was raubt mir Energie?
3. Was kann ich aktiv tun, um dem Energieraub entgegenzuwirken oder ihn sogar aufzuhalten?
4. Was wäre der sinnvollste kleine Schritt, den ich heute noch gehen kann, um meiner Widerstandskraft neue Energie zu schenken?

2.6.4 Lebenskonzept

Um einen langfristig ökologischen Umgang mit sich selbst zu entwickeln, lohnt es sich zu überprüfen, welche Ideale, Werte und Träume Ihr Lebenskonzept ausmachen und ob diese mit Ihrer aktuellen Lebenssituation übereinstimmen. Kennt und realisiert man das eigene Lebenskonzept, trägt man zu Erfolg und Zufriedenheit deutlich bei. Zudem wird es als Wegweiser für die Ausrichtung konkreter

Handlungspläne eingesetzt. Bitte nehmen Sie sich 30 min für die Beantwortung folgender Fragen:

1. Welche Vision habe ich mir für mein Leben ausgemalt?
2. Ist sie anspruchsvoll und realistisch (gegebenenfalls gewesen)? Wo stehe ich heute?
3. Welche Handlungsfelder, welche Rollen und letztendlich Ziele lassen sich aus meiner Vision entnehmen?
4. Wie möchte ich im Hinblick auf Familie und FreundInnen leben?
5. Welchen Stellenwert nimmt Arbeit in meinem Leben ein und wie sieht diese aus?
6. Wie sorge ich dafür, dass meine psychische und physische Gesundheit bewahrt bleibt?
7. Welchen Raum gönne ich mir persönlich und wie gestalte ich diesen?
8. Wenn mein Leben perfekt wäre und meine Träume verwirklicht wären, wie würde mein Leben und meine Arbeit in zehn bis fünfzehn Jahren ausschauen?

Zusammengefasst: Lass uns miteinander reden!   3

Ob als Individuum, als Gruppe oder ganze Kollektive, wir werden heute mit etlichen Chancen beglückt, ob auf Gesundheit und längeres Leben, auf Bildung oder Selbstverwirklichung. Je nach Geburtsort, sozialem Kontext und persönlicher Umgebung oder Disposition werden wir diese Chancen mehr oder weniger ergreifen können. Zugleich erleben wir eine physische wie mentale Verdichtung, in deren Folge wir nun mit immer neuen (i.S.v. gestern noch unbekannten) Menschen und Gegebenheiten auskommen müssen. In kurzweiligen Teams, in neuen (vielerorts global werdenden) Städten, in innerlich wütenden Ländern, klimatischen wie sprachlichen Räumen. Während also unsere Ahnen ihr Leben lang mit bekannten Gesichtern, Sprachen und Artefakten verkehrten, gehen unsere Vertrautheitsquellen allmählich verloren. Spätestens seit der letzten Wirtschaftskrise werden viele dieser Spannungsfelder bewusst(er), dazu treten wachsende Unsicherheit und Misstrauen gegenüber dem gesamten Wirtschafts-, Banken- und Finanzsystem. *„Wir leben heute in einer Gesellschaft, in der die Pluralität von Perspektiven eine basale Erfahrung ist (…) Jede Thematik kann beispielsweise sowohl aus ökonomischer, juristischer, politischer oder medizinischer Perspektive betrachtet werden – mit jeweils ganz unterschiedlichen Problemgesichtspunkten und Schlussfolgerungen"* (Barth und Mayr 2017, S. 165). Ob nach innen oder nach außen gerichtet kommen wir nicht weiter, ohne miteinander – und zwar ausnahmslos respektvoll – zu reden und umzugehen. Räume hierfür haben wir in der vernetzten Welt genügend. Darin auch die Möglichkeit, den Teil der Verantwortung, der real greifbar ist anzunehmen. In den Augen von Bauman soll die *„Gesellschaft die absolute (moralische) Verantwortung auf das Maß eines gewöhnlichen (Durchschnitts-)Menschen und seiner realistischen Fähigkeiten zurückschneiden."* (Prinzip der moralischen Verantwortung, Bauman ebd., S. 81).

Was Sie daher konkret tun oder unterlassen können, um sowohl Ihrer persönlichen mentalen Gesundheit als auch einem ökologischen Umgang mit ihrer Umgebung gerecht zu werden, wird in diesem *essential* ausführlich thematisiert. Samt

© Springer Fachmedien Wiesbaden GmbH, ein Teil von Springer Nature 2018   37
K. Schubert-Panecka, *Business Medi(t)ation 1*, essentials,
https://doi.org/10.1007/978-3-658-22205-5_3

eines **Plädoyers für mehr Ambiguitätstoleranz und Menschlichkeit, mehr Solidarität und Dialog** mögen Sie diesem *essential* eine Einladung entnehmen, nachhaltig sowohl für sich wie auch für Ihre Umgebung zu sorgen. Dies klug für die direkt anwesenden Menschen, Ihre Familie oder Organisation als auch diejenigen zu tun, die weit entfernt leben und z. B. von Plastikbergen belastet oder in kommenden Dekaden erst geboren und mit den klimatischen Folgen unseres Handelns zu kämpfen haben werden. Dafür ist es wichtig, sich der Einflüsse auf das individuelle, organisatorische wie gesellschaftliche Leben bewusst zu werden und erforderliche Methoden sowie Kompetenzen zu erlernen. Nicht zuletzt, um zu einem ökologischen Umgang mit sich selbst und mit anderen Menschen beizutragen, um Vertrauen wiederherzustellen und eventuell neue Quellen für dieses zu finden, werden diverse Methoden einer gesunden (Selbst-)Führung und auch einer solchen seitens des Unternehmens vorgeschlagen.

Zwar wurden anfänglich die psychischen Belastungen am Arbeitsplatz als – in der Wahrnehmung der Befragten – die Quelle vieler Schwierigkeiten und auch Konflikte beschrieben. Zugleich bleibt es interessant, welche Rolle die Eigenverantwortung, der von uns einer Situation, einer Erfahrung verliehene Sinn und auch die Kompetenz, mit den Anforderungen der heutigen Arbeitswelt konstruktiv umzugehen, spielen. Darüber entscheiden auch Sie, u. a. indem Sie – ob mit intra- oder interpersonalem Dialog, mit GfK oder Konfliktkompetenz – vielfältig aus der Palette diverser Möglichkeiten schöpfen. Unterwegs zu einem ökologischen Umgang mit sich selbst und anderen, zu einer Business Medi(t)ation, können Sie Ihre Selbstbestimmung wie Selbstverantwortung stärken. Lassen Sie uns aber auch die externen Einflussfaktoren bedenken und die inneren wie äußeren Kräfte in eine Balance bringen. Ob als flüchtige Moderne, hergestellte Unsicherheit oder prekäre Verhältnisse von immer mehr Menschen betrachtet, in denen ganze Gesellschaften an ihren, mentalen oder materiellen, existenziellen Grenzen leben – das, was um uns herum geschieht, nimmt einen Einfluss darauf, wie wir denken, fühlen, lieben oder arbeiten.

Was wollen Sie daher weiterentwickeln? Was unterlassen oder wo eine Pause machen?

Wesentliche, nachhaltige Quellen von Motivation sind Selbstachtung in Eigenverantwortung und Wert-Orientierung am Sinn und Nutzen der konkreten Aufgabe. Indem Sie Ihre Prozesskompetenz, Ihre Emotionale Intelligenz weiterentwickeln und lernen, Ihre Emotionen zu regulieren sowie Ihren MitarbeiterInnen ein Vorbild darin zu sein, tragen Sie deutlich dazu bei, dass diese ihre Motivation, ihre mentale Gesundheit aufrechterhalten und zu alledem die Unterscheidung zwischen dem, wofür das Individuum Verantwortung tragen kann und wofür nicht, treffen können. Die Übungen helfen Ihnen dabei, am Ball zu bleiben und die persönliche Weiterentwicklung konsequent auf die Agenda zu setzen.

Kommen die selbstorganisierten Maßnahmen zu keinem zufriedenstellenden Ergebnis, lohnt es sich erfahrungsgemäß, externe Unterstützung zu holen. Auf dem Markt werden viele unterschiedliche Verfahren angeboten und die Wahl einer passenden Option kann zu einer Herausforderung werden. Wie Sie diese meistern können, erfahren Sie in einem zweiten thematischen *essential*, welches auf diese Einführung aufbaut und Ihnen eine direkte Hilfestellung bei den konkreten Themen, wie der Ökologie des Menschen und diverser Unterstützungsmöglichkeiten zur Verfügung stellt.

Was Sie aus diesem *essential* mitnehmen können

Eine Übersicht über die externen wie internen Einflüsse auf den heutigen Menschen

- Konkrete Methoden der (Selbst-)Führung
- Vom inneren zum äußeren Dialog, via Achtsamkeit, *Mindsight* und diverse Kommunikationsschritte
- Die Idee des mediativen Denkens und der dazugehörigen Kompetenzen.

© Springer Fachmedien Wiesbaden GmbH, ein Teil von Springer Nature 2018
K. Schubert-Panecka, *Business Medi(t)ation 1*, essentials,
https://doi.org/10.1007/978-3-658-22205-5

Literatur

Barth, N., & Mayr, K. (2017). Der Mediator als Übersetzer? Gesellschaftliche Strategien der Differenzbearbeitung. In K. Kriegel-Schmidt (Hrsg.), *Mediation als Wissenschaftszweig* (S. 161–170). Wiesbaden: Springer VS.

Bauman, Z. (2003). *Flüchtige Moderne*. Berlin: Suhrkamp.

Bauman, Z. (2017). *Die Angst vor den anderen – Ein Essay über Migration und Panikmache*. Berlin: Suhrkamp.

Bröckling, U. (2017). *Gute Hirten führen sanft. Über Menschenregierungskünste*. Berlin: Suhrkamp.

Buber, M. (1986). *Das dialogische Prinzip. Ich und Du. Zwiesprache. Die Frage an den Einzelnen. Elemente des Zwischenmenschlichen* (2017. Aufl.). München: Gütersloher Verlagshaus.

Dobelli, R. (2011). *Die Kunst des klaren Denkens. 52 Denkfehler, die Sie besser anderen überlassen*. München: Hanser.

Ehrenberg, A. (2015). *Das Erschöpfte Selbst. Depression und Gesellschaft in der Gegenwart*. Frankfurt a. M.: Campus.

Fengler, J., & Sanz, A. (2011). *Ausgebrannte Teams. Burnout-Prävention und Salutogenese*. Stuttgart: Klett-Cotta.

Glasl, F. (2004). *Konfliktmanagement. Ein Handbuch für Führungskräfte, Beraterinnen und Berater*. Bern: Haupt.

Gordon, T. (1974). *Familienkonferenz*. Hamburg: Hoffmann und Campe.

Junes, T. (2017). Will Polish students step up and seize their opportunity? opendemocracy.net.

Kabat-Zinn, J. (2011). *Gesund durch Meditation. Das große Buch der Selbstheilung*. München: Knaur Taschenbuch.

Koppetsch, C. (2013). *Die Wiederkehr der Konformität. Streifzüge durch die gefährdete Mitte*. Frankfurt a. M.: Campus.

Mayer, C.-H. (2006). *SHM Trainingshandbuch Interkulturelle Mediation und Konfliktlösung. Didaktische Materialien zum Kompetenzerwerb*. Münster: Waxmann.

Möller, M. L. (2010). *Die Wahrheit beginnt zu zweit: Das Paar im Gespräch*. Reinbek: Rowohlt Taschenbuch.

Rosenberg, M. B. (2013). *Gewaltfreie Kommunikation*. Paderborn: Junfermann.

Siegel, D. J. (2010). *Mindsight. The new science of personal transformation*. New York: Bantam Books Trade Paperbacks.

© Springer Fachmedien Wiesbaden GmbH, ein Teil von Springer Nature 2018   43
K. Schubert-Panecka, *Business Medi(t)ation 1*, essentials,
https://doi.org/10.1007/978-3-658-22205-5

Scheidler, F. (2015). *Das Ende der Megamaschine.Geschichte einer scheiternden Zivilisation*. Wien: Promedia.

Schubert, F. C. (2016). Moderne Arbeitswelt und psychische Gesundheit. Ein Überblick aus beratungswissenschaftlicher Perspektive. *Kontext. Zeitschrift für Systemische Therapie und Familientherapie, 47*(4), 240–256.

Zanolli, N. (2017). *Mediatives Denken und Tun. „Du sollst mit Differenzen gut umgehen"*. Bern.

Zeuch, A. (2015). *Alle Macht für Niemand. Aufbruch der Unternehmensdemokraten*. Hamburg: Murmann.

Weiterführende Literatur

Ekman, P. (2004). *Gefühle lesen: Wie Sie Emotionen erkennen und richtig interpretieren*. Heidelberg: Spektrum Akademischer Verlag.

Rogers, C. R. (1987). *Der neue Mensch (Konzepte der Humanwissenschaften)*. Stuttgart: Klett-Cotta Verlag.